JN107455

要領がよくない
と思い込んでいる人のための
仕事術
図鑑

F太 @fta7
小鳥遊 @nasiken

sanctuary books

はじめに

〜小鳥遊より〜

　はじめまして。小鳥遊（たかなし）と申します。都内のメーカーに勤める会社員です。この本を手に取ったあなたは、多かれ少なかれ仕事で悩みがあるのだと思います。本書は、次のような悩みのある人へ向けて書きました。

- 仕事をつい**先送り**して、地雷化させてしまう
- どうやったらいいかわからない仕事を前に、ウンウンうなって**時間だけ過ぎ**ていってしまう
- **抜けもれや物忘れ**がしょっちゅうある
- **ささいなミスも重大に受け取って**しまったり、他人のミスを**自分のせい**だと感じたりしてしまう
- 1つの仕事に**集中**できず、結果どの仕事もなかなか完結できない
- デスクの上やパソコンのデスクトップがどうしても**整理できない**
- 現在、休職中、あるいは転職検討中で、**次の仕事に不安**を感じている
- 家族、上司、部下がこの悩みを抱えている（抱えていそう）

　これらは最後を除きすべて過去の私です。1つでも思い当たる節があれば、同志といっても過言ではありません。ようこそ、要領がよくないと思い込んでいる人たちの世界へ！

　なんてお気楽な！　とお思いでしょうか。悩んでいる本人に

とっては**「仕事でヘマして、そのうち居場所がなくなってしまうんじゃないか」**という恐怖で毎日いっぱいではないかと思います。

そんなあなただからこそ、伝えたいのです。過去の私に「あるある」と共感したなら、「やり方次第でカバーできる」可能性が高いことを。

私は十数年前に発達障害の注意欠如・多動症（ADHD）と診断されました。左に挙げた各項目とADHDは無関係ではないと考えています。また、ADHDでなくても同じような傾向を持ち、それゆえに悩みを抱えている人は結構多い印象があります。

本書は、**自分の傾向はそのままに「やり方」で仕事への苦手意識をなくすこと**をお伝えするものです。「やり方」であって「根性」や「心構え」ではありません（根性や心構えを否定はしませんが、それはやり方を知ってからの話です）。

これまでの私はしくじりの連続でした。

20代は司法書士試験の勉強に明け暮れるも、結局不合格。

その後アルバイトで入った司法書士事務所と不動産会社では、ほぼクビ同然で退職。

やっと定職についても、いつミスするかとビクビクしっぱなし。上司の眉間にシワが寄るだけで心が砕かれる毎日でした。案の定、仕事がうまく進められず、「なんて自分はダメなんだ！」

と自分を責め続けて休職（しかも2回！）。

そんな私が今、安心して会社勤めを続けられているのです。**自分の傾向は変わらず、仕事のやり方を変えただけで。**

この「仕事のやり方」は他の人にも有用ではないかと個人的に発信していたところ、本書の共著者F太さんと知り合いイベント化し、定期的に開催しています。

本書は、F太さんと共催しているイベント「自分は要領が良くない、と思い込んでいる人のための仕事術」でお話ししていることを中心に書きました。

「これを読めばすぐにあなたも大活躍！」「この本で誰でも出世街道まっしぐら！」とはいえません。しかし、過去の私と同じような悩みを抱えているのであれば、少なくとも**毎日会社に安心して通い続けられる**くらいには、なるんじゃないかと考えています。

本書は基本的に1〜2ページで完結しています。最初から1つずつ実践するもよし、気が向いたときに適当なページを開いてみるのもよし。どれも確実にあなたの仕事生活を送りやすくすることが書いてあります。

ご自分のペースで本書を活かしていっていただければ、著者の1人としてこの上ない幸せです。

小鳥遊

はじめに

～F太より～

はじめまして。F太と申します。私はひらめきメモ（@shh7 フォロワー約26万人）と、F太（@fta7 約11万人）という Twitter アカウントを運営しています。

芸能人や有名人でもないのに、Twitterで多くの方にフォローしてもらっているおかげで生活ができているという、日本ではちょっとめずらしいタイプの生き方をしています。

このたびは「要領がよくないと思い込んでいる人のための仕事術図鑑」をお手に取っていただき、ありがとうございます。私がこの本ではじめにお伝えしたいのは、**「自分は要領がよくない」という「思い込み」**についてです。

これまで自分のことを「要領が悪い」と思って生きてきました。

私は昔から行動力がありません。就職活動の時期になっても「やりたいことがわからない」といってエントリーシートすら書けず、毎日毎日、自己分析ばかりしていました。

その挙げ句就活から逃げ、今度は「難しい国家資格に挑むんだ！」と意気込み、公認会計士試験の勉強を2年ほど続けましたが、結局、不合格でした。

さすがに働かないわけにはいかなくなり、コールセンターでアルバイトを始めます。

研修を終え、いざ電話を取った途端、お客様のいっていることが理解できず頭が真っ白に。何も話せず上司と対応を交代。

研修で学んだことをまったく活かせないまま、「Ｆ太くんは要領が悪いね……」という評価を受け、３か月でクビになりました。

その後、別のコールセンターで働くことになりました。業務内容はクビになった職場とまったく同じです。そこでも同じように電話対応でフリーズしました。

しかしこの職場では、上司が対応を代わってくれませんでした。ベテランなら10分で終わる対応に３時間もかかる始末。その代わり、上司はたくさんのアドバイスをくれたのです。

ひどい電話対応ながらも、経験を積ませてもらえた結果少しずつ慣れ、だんだん成績も伸び、いつしかその職場では「Ｆ太くんは要領がいいね！」といわれるようになりました。

仕事の内容はまったく同じなのに、最初の職場とは真逆の評価。嬉しい反面、怖さを感じました。

最初の職場と次の職場で違ったもの。それは突き詰めると「上司」だけ。たまたま相性のいい上司と巡り会えたから、うまくいっただけなのでは……？

要領のよし悪しは、まわりの人間の評価で簡単に変わる。
「要領がよくない」は、まわりにそう思い込まされている。
ということを痛感する経験でした。

２つの職場の違いはもう１つありました。
最初の職場では、上司やお客様に怒られたくないという恐怖心でいっぱいで仕事に集中できていませんでした。いつもオド

オドしていたように思います。

　次の職場では、余裕のある振る舞いができるようになっていました。

　「職場選びはただのくじ引き。ハズレだったらもう1回引き直せばいい」

　という開き直りが心のどこかに生まれたのだと思います。

　あなたがもし今の仕事に不安を抱えているのだとしたら

　「要領がよくない、は思い込み」
　「いやなら、いつ辞めてもいい」

　ということを、知っておいてほしいのです。

　そしてこの本が、あなたにとって「今の自分のままでもやっていける」「他の場所でもやっていける」という自信の一助となることを願っています。

Ｆ太

CONTENTS

CHAPTER10　メモ、メールが苦手

CHAPTER 1

要領がよくないと思い込んでいる人へ

仕事の基本

さあ、今日も仕事をはじめるぞ。
・・・・・
でもその前に
勇者は仕事の基本を勉強中。　▼

「仕事術」

とはいうけれど
要領がよくないと思い込んでいる私たちに必要なのは
圧倒的な差を見せつけて、仕事でまわりから抜きんでることで
はありません。

**当たり前に仕事をして
毎日を平穏に過ごしていけること。**

**「自分は、ここにいていいんだ」
と安心できること。**

この本はそのためのスタートラインです。

よくよく思い返してみると、
正しい仕事の進め方って、誰にも教えてもらっていない気がし
ます。
だからうまくいかないのは当然ではないでしょうか。

この CHAPTER では、僕らの経験を踏まえ、
仕事を進める上で
押さえてほしい基本についてお話しします。

それは一言でいうと、
「手順書をつくる」。

ルーティンの仕事
初めての仕事
頼まれた仕事
単純な仕事、複雑な仕事
営業の仕事、事務の仕事
クリエイティブな仕事
小さな仕事、大きな仕事
など。

どんな仕事でも、手順書をつくる。
これが基本です。
そのためのステップは5つ。
内容はとてもシンプルです。

シンプルすぎて
当たり前では？ と思うかもしれません。
知ってるよ！ と思うかもしれません。

でもいったん基本に戻ってみましょう。
新たな発見があるはずです。

仕事が始まったときの「頭の中」を想像してみてください。
こんなことはありませんか？

あれやらなきゃ。

これやらなきゃ。

「それやってよ」
……え？　どれ？

えーっと、なんだっけ？

そうだ！
見積書をつくるんだった。
あと、プレゼン資料も。
週報も提出しろっていわれてたなあ。

「で、何から手をつければいいんだ？？」

見積書の資料を確認して
上司に相談をして
提出期限も聞かないと
プレゼンの下書きに、週の実績も出さないと……

「もう頭がパンパンで、どれから手をつけたらいいか、わかんな
いよ……！」

こんなふうにやるべきことがごちゃごちゃで
次の仕事を選ぶたびに、
まるで「ウォーリーをさがせ！」をしているような状態になっ
ていませんか。

次のページからは落ち着いて仕事を進められる
手順書のつくり方（5ステップ）をご紹介します。

名前をつけて書き出す

頭の中にフワッと浮かぶ
「なんかやらなきゃいけないこと」。
これをつかまえて、言葉をあてがいます。

「田中商店……見積もり……」
と浮かんだら、
「田中商店へ見積書送付」

「部長から週報出して！ っていわれてた！」
と思い出したら、
「部長へ週報提出」

これを「タスク」といいます。

「やらなきゃいけないこと」を
言語化せずにそのままにしておくと
いつまで経っても不安やストレスが消えません。

フワフワと浮かんだ状態なので
そのまま忘れてしまうこともあります。

頭の中にフワッと浮かんだ
「やらなきゃいけないこと」に名前をつけて
「タスク」として書き出しましょう。
それだけで安心感が生まれます。

田中商店……
見積もり……

↓

> タスク

田中商店へ
見積書送付

プレゼン……
頼まれてた
よね……?

↓

> タスク

プレゼン資料の
作成、提出

記事……
記事作成……

↓

> タスク

会社ホームページ
インタビュー記事作成

週報の提出って
週末……
だったっけ?

↓

> タスク

部長へ週報提出

タスクの手順を書く

名前をつけて「タスク」として書き出したら、
次は手順を書きます。

各タスクには、
終わらせる手順が必ずあります。
その手順を書き出しましょう。

正しい手順がわからない？

大丈夫です。
はじめは自分なりの仮の手順で十分です。
違ったら、そのときに変えればいいのです。

少なすぎるかなとか、
多すぎるかもとか、
心配無用です。

とにかく「完了」まで、
あくまで自分なりに
手順の一本道をつくってください。

書いているうちに、仕事の全体像が見えてきます。

タスク
田中商店へ
見積書送付

〔手順〕
□ 資材部へ製品価格を確認
□ 資材部から返答
□ 見積書案作成
□ 上司へ見積内容の承認依頼
□ 上司から返答
□ 見積書作成、送信

タスク
プレゼン資料の
作成、提出

〔手順〕
□ 下書きを作成
□ 上司へチェック依頼
□ 上司からチェック結果返答
□ 同僚へデザインチェック依頼
□ 同僚からチェック結果返答
□ 上司へ提出

タスク
会社ホームページ
インタビュー記事作成

〔手順〕
□ インタビュー依頼メールを送る
□ インタビュー引き受けの返答
□ インタビュー実施
□ 記事作成
□ インタビュー相手にチェック依頼
□ インタビュー相手から回答
□ 記事をホームページにアップ

タスク
部長へ週報提出

〔手順〕
□ メンバーに週の実績提出依頼
□ メンバーから実績提出
□ 実績入力
□ メンバーへチェック依頼
□ メンバーからチェック結果返答
□ 部長へ提出

「誰がやるべきなのか」を明確にする

手順を書いたら
次は誰がその手順をやるのかを明らかにしましょう。

仕事は1人だけでは進められませんよね。
いろんな人にボールをパスしながら進めるのが仕事です。

自分が進める段階（自分ボール持ち）か
誰かが進める段階（他人ボール持ち）か
「仕事のボール持ち」をはっきりさせましょう。

この区別をつけられるようになると
自分のやるべきことが、より明確になります。

いくつものタスクを抱えながら、
じつはほとんど他人ボール持ちだった。
そんなこともわかるようになるのです。

右ページの各手順書にある
黒字が自分ボール、
色字が他人ボールです。

タスク

田中商店へ
見積書送付

☐ 資材部へ製品価格を確認
☐ 資材部から返答
☐ 見積書案作成
☐ 上司へ見積内容の承認依頼
☐ 上司から返答
☐ 見積書作成、送信

タスク

プレゼン資料の
作成、提出

☐ 下書きを作成
☐ 上司へチェック依頼
☐ 上司からチェック結果返答
☐ 同僚へデザインチェック依頼
☐ 同僚からチェック結果返答
☐ 上司へ提出

タスク

会社ホームページ
インタビュー記事作成

☐ インタビュー依頼メールを送る
☐ インタビュー引き受けの返答
☐ インタビュー実施
☐ 記事作成
☐ インタビュー相手にチェック依頼
☐ インタビュー相手から回答
☐ 記事をホームページにアップ

タスク

部長へ週報提出

☐ メンバーに週の実績提出依頼
☐ メンバーから実績提出
☐ 実績入力
☐ メンバーへチェック依頼
☐ メンバーからチェック結果返答
☐ 部長へ提出

タスクと手順に、仮の締切を入れる

次に締切を入れてください。

タスク全体の締切だけではなく、
手順1つ1つにも締切を。

ちょっと面倒ですよね。
でも、今これをやっておくことで
後々ラクになります。

これも、自分なりの日付や時間で大丈夫です。
1回入れてみて
「この日に依頼をするのは難しそうだ」
「提出はもう少し前にできそう」
とわかった時点で締切をずらす。

これをくり返すことが、
「締切を守れる自分」への近道です。

5/15

タスク

**田中商店へ
見積書送付**

- ☐ 5/11 資材部へ製品価格を確認
- ☐ 5/12 資材部から返答
- ☐ 5/12 見積書案作成
- ☐ 5/13 上司へ見積内容の承認依頼
- ☐
- ☐ 5/15 見積書作成、送信

5/25

タスク

**プレゼン資料の
作成、提出**

- ☐ 5/18 下書きを作成
- ☐ 5/18 上司へチェック依頼
- ☐ 5/20 上司からチェック結果返答
- ☐ 5/22 同僚へデザインチェック依頼
- ☐ 5/25 同僚からデザインチェック返答
- ☐ 5/25 上司へ提出

5/29

タスク

**会社ホームページ
インタビュー記事作成**

- ☐ 5/12 インタビュー依頼メールを送る
- ☐ 5/15 インタビュー日程の決定
- ☐ 5/20 インタビュー実施
- ☐ 5/25 記事作成
- ☐ 5/25 インタビュー相手にチェック依頼
- ☐ 5/27 相手からチェック返答
- ☐ 5/29 記事をホームページにアップ

5/16

タスク

部長へ週報提出

- ☐ 5/11 メンバーに週の実績提出依頼
- ☐ 5/15 メンバーからすべて提出
- ☐ 5/15 実績入力
- ☐ 5/15 メンバーへチェック依頼
- ☐ 5/16 メンバーからチェック返答
- ☐ 5/16 部長へ提出

最初の手順だけに注目する

ここまできたら、いよいよ最後のステップです。
「最初の手順だけ」を見えるようにしましょう。

全部の手順がズラッと並ぶのは壮観ですが、
目があちこちに泳いでしまいます。

それに「あぁ、やることがこんなにあるのか……」と
プレッシャーに感じてしまうこともあります。

だから、見ないように頑張るのではなく、
見えなくしてしまいましょう。
最初の手順だけが目に入るようにします。
メモや付せんに書き出すもよし、
パソコンのモニターに表示させるのもよし。

十数個あったやるべき手順が、
わずか4つになりました。
とたんに
「今、何をすべきか」
「次、何をすべきか」
が明確になります。

これで手順書の完成です。
仕事に取りかかる準備ができました。

5/15

タスク

田中商店へ
見積書送付

□ 5/11 資材部へ製品価格を確認

□

□ 5/12 見積書案作成

□ 5/13 上司へ見積内容の承認依頼

□

□ 5/15 見積書作成、送信

5/25

タスク

プレゼン資料の
作成、提出

□ 5/18 下書きを作成

□ 5/18 上司へチェック依頼

□

□ 5/22 同僚へデザインチェック依頼

□

□ 5/25 上司へ提出

5/29

タスク

会社ホームページ
インタビュー記事作成

□ 5/12 インタビュー依頼メールを送る

□

□ 5/20 インタビュー実施

□ 5/25 記事作成

□ 5/25 インタビュー相手にチェック依頼

□

□ 5/29 記事をホームページにアップ

5/16

タスク

部長へ週報提出

□ 5/11 メンバーに週の実績提出依頼

□

□ 5/15 実績入力

□ 5/15 メンバーへチェック依頼

□

□ 5/16 部長へ提出

仕事がうまくいかない……と感じたときは
この「手順書を書く」に立ち返ってみてください。

① 名前をつけて書き出す
② タスクの手順を書く
③ 「誰がやるべきなのか」を明確にする
④ タスクと手順に、仮の締切を入れる
⑤ 最初の手順だけに注目する

これがすべての仕事の基本です。

自信を持って出社し、
やり切った感とともに退社できるように、
ぜひやってみてください。

CHAPTER 2からは、悩み別に
より具体的な仕事術やヒントをご紹介していきます。

CHAPTER 2

段取り
が苦手

ダンドリおばけににらまれた。
・・・・・
迷ってしまって、勇者はなかなか前に
進めない。　　　　　　　　　　　▼

なぜ、段取りよく進められないのか

　あなたの職場にも、「仕事がとてもきれいな人」がいませんか？

　作業1つ1つが効率的で、かといって決して雑ではない。パソコンの操作もスムーズで、セールストークもいつもポイントを踏まえていてわかりやすい。何よりたたずまいからして美しい……。

　要領のよくない自分が真似をするのは、とても無理そうだ……。そんなふうにあきらめるのは、ちょっと早いかもしれません。

　車の運転を想像してください（自転車でも構いません）。

　免許を取るために、標識の意味を覚えたり、運転技術をトレーニングしたり、最初はとても頭を使ったと思います。

　しかし免許を取得してしばらくすると、運転しながら車内で音楽やラジオを聞いたり、隣の人と会話をしたり、今日の晩ごはんについて、考えごとまでできるようになります。

　しかも一度覚えれば、しばらく車に乗らなかったとしても、運転方法を忘れてしまうこともありません。運転席に座れば、あとは勝手に身体が動いてくれるのです。

　この「身体が勝手に動く」能力を、あなたも私＠Ｆ太も、実際に仕事や生活の至るところで使っています。

　例えば、出勤したらパソコンを立ち上げてメールをチェックする……そういった毎日のルーティンワークは、朝のまだぼーっとした状態でもできます。

しかし、手順を自然に覚えられる仕事もあれば、なぜか覚えられない仕事もあります。何度もやっている仕事なのに**「あれ？次は何をするんだっけ？」と考えてしまうのは、手順があいまいな証拠**。いつも行きあたりばったりな段取りの悪い進め方をしているのです。

「何をするんだっけ？」と考えながら仕事を進めるのはストレスですし、何より時間もかかってしまいます。

この「何をするんだっけ？」をなくす仕組みが、CHAPTER 1でお伝えした「手順書をつくること」です。**手順書こそが段取りの悪さを解消する第一歩**。

どんな仕事もまずは手順書を作成し、その手順どおりに毎回仕事を進めてみてください。

「次、何をするんだっけ？」と立ち止まることなく、スムーズに作業が進められます。毎回スムーズに同じ手順で作業を進めること。これが身体で仕事を覚えるために最も必要なことなのです。

このCHAPTERでは、その好循環に入っていくための手順書のつくり方の工夫や、仕事の段取りを効率よく組んでいくためのコツについて解説していきます。

やることが多すぎて段取りどころじゃない

NO といえるようになる

「仕事が多すぎるあなたには『断る勇気』が必要です！」

というアドバイスを見聞きするたび、臆病な私＠Ｆ太は「その勇気があったら苦労しないよ……」と感じていました。

そんな私でも**無理な仕事を断れるようになったのは、手順書をちゃんとつくるようになったから**だと思います。

例えばある日突然「今日からずっと、毎日６時間の残業をお願いします」といわれたら、「それはさすがに無理です！」と、いえてしまうのではないでしょうか。

そうなのです。「常識的に考えて無理！」と思えれば、勇気がなくてもちゃんと断れるのです。

パンパンのカバンはひと目で「もう何も入らない」とわかりますが、仕事の量というのはあいまいです。だからなかなか「もうできません」といいにくい。

でも手順書をつくると、今の自分が抱えている仕事の「本当のボリューム」が見える化されて、リアルにイメージできるようになります。すると自信を持って「さすがにこれ以上は無理です！」と、NOをいいやすくなるのです。

POINT
仕事のリアルなボリュームを知る

とにかく段取りが苦手

▼

段取りが悪いのは、手順書が未完成だから

　仕事がうまくいかないときや、思うように進まないとき。そんなときは自分を責める前に、**仕事の手順書が未完成なのだ**と考えましょう。

　仕事の手順書（CHAPTER 1 参照）は、自分を動かすプログラムのようなものです。手順書というプログラムを組んだあとは、自分はそれを淡々と実行するだけ。

　パソコンを例に考えてみます。精度の低いプログラムを実行するとエラーが出ます。そしてそのエラーを頼りに、プログラムを組み直しますよね。プログラムを実行したパソコンが悪いのではありません。

　では仕事の場合はどうでしょう。手順書をつくらずに進めてトラブルが起きると「自分の段取りが悪かったせいだ……」と、自分を責めてしまいがちになります。しかも肝心のエラーの原因も特定できません。

　そこで、仕事の手順書＝プログラムを書き出してみてください。すると「自分の能力や努力が不足しているのではないか」という呪縛から解放されます。そして手順書を眺めながら「どれどれ、どこが今回のエラーの原因かな？」と、冷静に考えやすくなるのです。

POINT

悪いのは自分ではない

とにかく段取りが苦手

これ以上できないくらいに仕事を細かく刻む

　段取りよく進めるためには「手順書が大事」とお伝えしてきましたが、具体的にどう書けばいいの？ と思うかもしれません。

　ポイントは、**1つの仕事をとにかく細かく刻むこと**。すると手順書ができあがっていきます。ここでは、とくに細かく刻むべき手順の例をいくつかご紹介します。

① 確認する

Before　部長にメール文案を確認する

↓

After　1　部長にメール文案の確認を依頼する
　　　　　2　部長から確認結果を受け取る

② もらう

Before　経理から売上データをもらう

↓

After　1　経理に売上データの提供を依頼する
　　　　　2　経理から売上データを受け取る

③ 相談する・聞く

Before　課長に見積額の相談をする

↓

After　1　課長に見積額がこれでよいか質問する
　　　　　2　課長から返答を受ける

Before　会議資料を用意する

↓

After
1　会議資料を印刷する
2　印刷した資料をクリップで留める
3　部数を確認する
4　配布する

　こんな感じです。ちょっと細かすぎると思うかもしれませんが、最初はこれくらい刻んでおくのがベスト。

　手順を細かく刻んでおくと、作業を中断してもすぐに現状把握ができます。まるでしおりをはさむように「これは部長の回答待ち」「これは自分が経理にデータを依頼しなければ！」と状況把握が簡単になり、すばやく作業を再開できます。このとき「段取りが得意になった！」と感じるはずです。

POINT
段取りは、細かい手順の積み重ね

同じ仕事なのに段取りよく進まない

手順を書き出して、まったく同じ行動をくり返す

　何度もやったことがある仕事なのに、いつも段取りよくできない仕事ってありませんか? そんな仕事こそ、手順を書き出してくり返す作業を続けてみてください。「くり返し」を意識すると、仕事に慣れるスピードが段違いに早くなります。

　私@小鳥遊は昔の会社で、名刺の発注業務を担当していました。他の仕事と並行していたこともあり、毎回同じ手順のはずが「あれ、次は何をするんだっけ?」と、いつも手探りで作業を進めていました。

　このように、**いつも場当たり的に動いていると、人間の脳は「同じ行動をくり返している」と認識できません**。すると、いつまで経ってもその作業に慣れないのです。

　現在の会社では、法務として主に契約書のチェックをしています。以前と違うのは手順書を書き出している点です。

> **契約書作成**
> 1. 契約書を営業から受け取る
> 2. 受付表に記入する
> 3. 内容をチェックする
> 4. 営業へ契約書を返す
> 5. 法務チェック合格証明書を営業へ送る

　手順書を書き出し、それを見ながら作業を進めると、**脳が「同じ行動をくり返しているな」と気づきます。**すると、契約書のチェック依頼があると、すぐ頭の中でこの手順が思い浮かぶようになりました。抜けもれなく、スムーズに作業が進むようになりますよ。

同じ手順をくり返す

　同じ手順をくり返せばくり返すほど、
　脳と身体にしみ込んで自分のものになっていく。

合格書類を営業へ送る。

チェック依頼を
営業から受ける

①

②

受付表に
記入する。

⑤

同じ手順を
くり返す。

④

③

営業へ
契約書を返す。

内容のチェックをする。

> **POINT**
>
> くり返すと、身体が勝手に動くようになる

締切が苦手

「仮」でスケジュール感を鍛える

スケジュール感がある人っていますよね。必ず締切には間に合わせる人。そんな人は、おそらく**締切に間に合う仕事の進め方が事前にわかっている**のです。

しかし、**最初から正解のスケジュールをつくる必要はありません**。仮の手順と仮の締切をつくっては直す。これを練習だと思ってくり返しましょう。スケジュールの見積もりが甘いと感じるなら、練習をすればよいのです。

私@小鳥遊の以前の職場でのこと。海外事業部署の名称が変わり、明日までの名刺作成依頼がありました。印刷会社への名刺データ入稿締切は依頼を受けた当日の12時。30分くらいで準備できると思い、手をつけ始めたのが昼近くでした。

取引相手が海外の企業なので英語表記が必要とわかり、あわてて英語に堪能なＡさんへ連絡。しかし打ち合わせ中で万事休す！

そんな展開にならないために、依頼があった時点で手順書に着手します。

名刺作成

1. 名刺作成依頼を受ける
2. 依頼内容を確認する
3. 英語表記をＡさんに聞く

---

4. Aさんから返答を受ける
5. 部長に英語表記を連絡
6. 部長から英語表記のOKをもらう
7. データ作成
8. データ入稿（**12時まで**）
9. 名刺の納品を受ける
10. 総務控え分1枚確保
11. 該当部署へ渡す（**明日の12時**）　※黒字は自分が進める手順

　まずは1〜8を12時までに終わらせる、と仮で締切設定。そこで、Aさんと部長の予定を確認します。するとAさんが10〜12時まで打ち合わせ、部長は11時から外出だとわかりました。どうやら10時よりも前に手をつけたほうがよさそうです。

　以上を踏まえると、スケジュール感を鍛えるには次の3つが大事であることがわかります。

● 細かい手順に分解
● 手順に締切を設定
● 実際に可能か確認

　これをくり返すと、自動的に精度の高い手順書に仕上がり、スケジュール感が身につきます。

POINT

練習すると「締切」はうまくなる

「あの件どうなった?」に焦る

▼

即答できる手順書を用意する

「そういえば東京都への申請書発送の件、どうなった?」

と唐突に仕事の進捗を聞かれることは、私@小鳥遊にとってはとても恐ろしいことでした。

過去メールを検索したり、デスクに山積みになっている書類を引っかき回したりして、捜査しなければいけなかったからです。

経験者の方はおわかりだと思いますが、**過去メールをあさっていたら午前中が終わってしまった。**こんなことは日常茶飯事ではないでしょうか。

当然、相手を待たせてしまい、相手の表情も険しくなります。焦ってしまいやるはずのないミスをしでかしたりして、その後の仕事にも影響を与えかねません。考えただけで恐怖ですね。

ここで手順書があれば、大きな効果を発揮します。例えばこんなやりとりができるようになります。

「都に申請する話って、**どうなった?**」

と進捗を聞かれたら、手順書の確認です。

> **東京都への申請書の発送**
> 1. 都の HP から申請書をダウンロード
> 2. 申請書記入
> 3. 申請書への押印依頼
> 4. 押印済み申請書受け取り
> 5. 申請書発送

そしてこんなふうに答えます。

「都への申請書の発送の件は、昨日押印の依頼をして、今は押印済み申請書の受け取り待ちです。明日発送を予定しています」

「なるほど、ありがとう」

半日どころか数秒で終わります。しかも、手順書に目を落とすだけ。記憶にない！と焦ることもありません。

昔はこんなやりとりができたらいいなぁ……と憧れるだけでした。しかし、**手順書をつくっておくだけで「上司の質問に即答できる人」に。**

そして何より、「いつどんな質問があっても、ここを見れば大丈夫」という安心感を覚えながら、仕事ができるようになりました。

> **POINT**
> 手順書をつくるのは、自分を安心させるため

急な仕事が入るとパニック

勇気を出して予定をスカスカにする

　真面目で仕事熱心な人ほど、みっちりと予定を詰め込んでしまいがちです。急な仕事が入ってもパニックにならないためには、勇気を出してスカスカな予定を立てることです。

　これはある日の私＠小鳥遊のスケジュール実績です。当日、予定外に発生した「割り込みタスク」は色字になっています。

　　8時〜 9時　契約書の打ち合わせ
　　9時〜11時　来客。ホームページの打ち合わせ
　11時〜12時　打ち合わせが1時間延長
　12時〜13時　会議資料作成
　13時〜14時　昼休み
　14時〜15時　ブログのネタ出し会議
　15時〜16時　ホームページの社内打ち合わせ
　16時〜17時　必要になった雑務を処理

　最初からすきまなく予定を入れていたら、完全にキャパ越えしていたでしょう。そうならなかったのは、「まだいける！」と思う自分を抑えて余裕のあるスケジューリングをしていたからです。

　私は仕事にかかりそうな時間を、**思い浮かんだ時間の2倍くらいの長さにして予定を立てます**。想定した時間内に終わらないことが多いからです。

　実はブログのネタ出し会議のあとに、「ブログを書く」という

タスクをやるつもりでしたが、締切は翌日だと手順書に書いてあったのでブログの執筆はあきらめて、あわてることなく割り込んできた打ち合わせに集中できました。このように各タスクに締切を入れておくと、安全な先送りができるセンスも身につきます。

「割り込みタスク」はあって当たり前。

思い切って予定をスカスカにして、**落ち着いて取り組めるようにしておく**ことが大事です。

■ 欲張らない予定を組もう

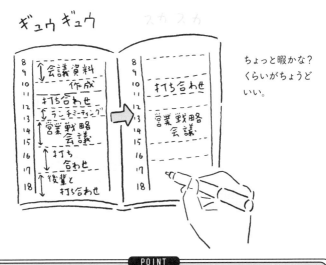

ちょっと暇かな？
くらいがちょうど
いい。

POINT

まだいける！ をグッとこらえて

「なるべく早く」といわれると焦る

▼

自分なりの「なる早」でOK

「なる早（なるべく早く）で」と仕事を頼まれたとき、無性に焦ってしまいませんか。でも文字どおりに受け取る必要はありません。これはむしろ、締切を決める権限が自分にあるということ。**無理のない範囲の締切を決めてしまいましょう。**

相手としても「なる早」は「今すぐに対応してもらえればありがたいけど、具体的に期限を決めるほどではない」ということなので、過剰に応えようとしなくても大丈夫。
逆に、**相手の事情を優先しすぎると、自分の首をしめる**ことになりがちです。

ある日営業担当者から、書類のチェックをしてほしいという依頼がありました。締切を確認すると「なる早で」との返事。以前の私＠小鳥遊なら「今日中にやります」といっていました。
しかし席に戻ると、やり残して締切が迫っている仕事が山積みで「今日中に終わらない……」と頭を抱えたものです。

今ならこんなふうに対応します。例えば週のはじめの月曜日に「なる早で」といわれたとして、
「なる早ですか……。そうですね、じゃあ今週末の金曜日の午前中までに、ということでいいですか？」
と自分にとって**無理のない締切を具体的に提案**します。そこで相手が
「実は水曜日くらいには欲しいんだけど……」
といってきたとしても

　「なるほど。では私も頑張りますので、木曜日までにということでどうでしょうか？」
　という交渉ができます。

　具体的な日時を口に出すのは勇気が必要です。でも日頃から手順書をつくり、締切を意識していると、この交渉がどんどん上手になっていきます。

「なる早」を真に受けないで

いちばん大事なのは、自分が落ち着いて仕事を進められること。

> **POINT**
> 「なる早で」は主導権を握るチャンス

すぐに仕事が溜まってしまう

▼

「2分以内」に終わる作業は今すぐやる

すぐに終わる仕事を、すぐに終わらせているか。これもタスクを溜めないポイントの1つです。

仕事の基本は「手順書に書き出す」ですが、書き出すまでもない仕事もあります。

仕事が早い人は、**数秒から1〜2分程度で終わるタスクを瞬殺**してから、あらかじめ書き出している手順書に取りかかっています。

「電話の伝言メモを上司のデスクに置いておきたいけど、今忙しいから席に戻ってきたら直接伝えよう」

と思って忘れてしまい、再び上司へ電話がかかってきてから

「伝えるのを忘れていた！」

と気がつく……そんな気まずい経験はありませんか？

まさにその典型だった私@小鳥遊は、「すぐ終わりそうだから今はいいや」と次々に後回しにしていき、ずいぶん時間が経ってタスクが山盛りになってから「そういえば！」と焦ってあたふたしていました。

焦った状態で実行するのと落ち着いて実行するのとでは、その結果に大きく差が出ます。さらにリスキーなのは、**すぐに終わる小さなタスクだと見くびると、つい忘れてしまうことです**。

　「すぐ終わるタスク」を即座に終わらせるようになってからは、「1つ1つはすぐ終わるんだけど溜めてしまって……やりたくなくなってしまった……」という焦りや迷いがほとんどなくなり、サクサク仕事が進むようになりました。

■ 小さなタスクは瞬殺せよ

すぐに終わるタスクは
ザクザク終わらせよう。

POINT

すぐに終わる？ YES or NO

なかなか仕事に取りかかれない

手順書が背中を押してくれる

　仕事に取りかかる決心がつかず、尻込みしている時間が長い。そんなことはありませんか？

　仕事に取りかかれずに、ずっとメールチェックをしているときなんて、まさにその状態です。

　恋愛を例に考えてみてください。「好きな人がいるんだけど、なかなか誘えなくて……」と迷っている友人には「いいからとにかく誘っちゃえよ！」といいたくなります。

　でも、好きな人にすぐに連絡できるなら苦労はしませんよね。**自分を後押しする「何か」が必要**です。

　それは

「思いを伝えたい」という意欲
「連絡するだけならできるかも」というハードルの低さ
「あなたしか見えない」という集中度合い
「もうすぐ卒業して会えなくなる」という時間的制約です。

　急に青春ものになってしまい、すみません（笑）。
　そんな甘酸っぱい状況ではありませんが、仕事も同じようなものです。

「仕事を終わらせてすっきりしたい」という意欲
「まずはメールの出だしだけ書こう」というハードルの低さ

「自分にとって今いちばん重要なのは、この仕事を進めること」という集中度合い

「そして締切は、今日！」という時間的制約。

仕事になかなか取りかかれないときは、とにかくまずは手順書を見る。手順書がまだないならそれをつくる。それによって上記すべてが出そろい、あなたをグイッと後押ししてくれます。

人には、いったん作業に着手すると続けたくなる特性（作業興奮）がありますから、とにかく手をつけてさえしまえば、坂道を転がるボールのように、勝手に勢いがついて転がっていきます。

手順書を使って、まずは仕事に手をつけるところから始めてみませんか？

手順書を味方につけよう

手順書があると
一歩ずつ足が前に出るようになり
「勢いがついてきた！」
という感覚に変わる。
そのまま波に乗ってしまおう。

POINT

手さえ動かせば、終わったも同然

仕事が溜まってしまう

▼

仕事は「ボールを受け取ってパス」が基本

サッカーではパスをしながらゴールまでつないでいきます。仕事も同じです。ところが、**責任感が強い人は自分でボールを持ち続けてしまう傾向**にあります。

サッカーはチームで1つのボールを扱えばよいですが、仕事は同時に10も20もボールが動きます。それら全部を一手に引き受けるのは無理ですね。なおさら、**チーム総出でボールをパス回し**する必要があります。

多くのボール＝仕事を「自分がやります！」と引き受けすぎてしまうと、結果的にまわりに迷惑をかけてしまいます。

また、1つのボールをずっと持ち続けるのもおすすめしません。先ほどもお伝えしたとおり、仕事はパス回しが基本だからです。

今Aという仕事は

自分がボールを持っているのか？

他の人がボールを持っているのか？

それをはっきりさせることが大切です。これを**ステータスを明確にする**といいます。

例えば、次の手順書を見てみてください。

1. ○○さんから資料作成の依頼を受ける
2. 資料原案を作成する
3. 同僚に資料原案のダブルチェックの依頼メールを出す
4. 同僚からチェック完了のメールをもらう
5. 資料を上司に提出する

この場合、**色字が他の人**がボールを持っている（＝待ちの）ステータス。**黒字が自分**がボールを持っているステータスです。

　「自分が頑張らなければ！」と思っている人は、黒字ばかりになります。一見、責任感が強い頼れる人のように思えます。
　ただ、サッカーで1人ドリブルで突き進もうとしても、たいてい相手にボールを取られてしまい、ゴールまでたどり着くことができません。

　仕事のパスを出すのは責任転嫁のように思えるかもしれません。でも大丈夫。それが仕事です。自分で抱えすぎるよりも、できるだけ多くのパスを出しましょう。

■ 仕事で華麗なパス回しを

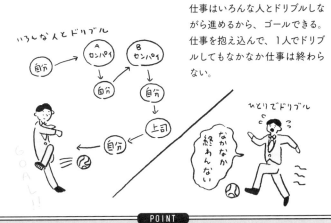

仕事はいろんな人とドリブルしながら進めるから、ゴールできる。仕事を抱え込んで、1人でドリブルしてもなかなか仕事は終わらない。

いろんな人とドリブル

自分 → A センパイ → B センパイ
　　　　　　↓　　　　　↓
　　　　　　自分　　　自分
　　　　　　　　　　　　↓
　　　　　　　　　　　上司
　　　　　　　　　　　　↓
　　　　　← 自分

GOAL!!

ひとりでドリブル

なかなか終わんない

```
POINT
仕事のパスは、どんどん出す
```

集まりの調整が苦手

▼

決めごとは「ヒト→モノ」の順番で

　会議のセッティングや飲み会の幹事など、人の集まりを調整する仕事が苦手な人に知っておいてほしいのが「ヒト→モノ」の鉄則です。

　会議の準備を例に見てみましょう。

　いちばん大事なのは「ヒト」の確保です。

　先に「モノ」にあたる会議室の確保や資料の準備を進めると、肝心の参加者が集まらない会になってしまいます。

　例えば、会議は必ずこのような手順で準備を行います。

商品開発会議の開催

1. （ヒト）会議参加メンバーへ出欠確認
2. （ヒト）メンバーから出欠の返答をもらう
3. （モノ）会議室を予約する
4. （モノ）会議資料の作成・印刷
5. 会議開催

　1と2が「ヒト」、3と4が「モノ」です。

　間違えても先に会議室を予約したり、先に資料を用意したりして、メンバーへの連絡を後回しにしてはいけません。これで私＠小鳥遊は何度も痛い目に遭いました。

　会議室は別の場所に変えられます。**でも人の予定は勝手に変えられないのです。**

いったん会議や集まりの開催が決まったら、とにかくまずは参加メンバーの予定を確認し、スケジュールを押さえましょう。これだけで、**仕事の半分は終わったようなもの**です。

会議が決まったら

会議が決まった

NG
- 会議室の確保
- 資料の準備
- メンバーに確認

ポツン

全然日程合わず…
最初からやりなおし

OK
- メンバーに確認
- 会議室の確保、資料の準備
- 会議当日

POINT

まずは人の確保から

小鳥遊のしくじり体験記

内見

「内見」ってご存じですか？

　不動産会社のスタッフが、部屋を探している人を現地に連れて行って実際に部屋を見せることです。難しくはないですよね。でもアルバイト時代に、これをしくじったことがあるのです。

　秋から冬くらいの時期だったと思います。部屋探しの相談でいらした方に、内見の案内をするようにと指示されました。しっかりやらなきゃ！ と思い「はい！」と元気よく飛び出しました。

　お客様はとても優しそうなフリーランスライター志望の女性。早速ご案内……のはずが、きちんと物件の位置を確認せずに出てきてしまった私。待ち合わせした駅からあさっての方向に歩き出してしまい、なかなか物件が見つかりません。

　さんざん道に迷って連れ回したあげく、やっと見つけたときには日が暮れていました。

　内見で訪問する物件には電気がとおっておらず、今さら「どうぞ」と部屋の中をお見せしても真っ暗でちゃんと見えやしません。結局、その日は無駄足を踏ませてしまいました。お客様から優しいフォローの言葉をいただいたのですが、それだけになおさら自分のふがいなさを感じてしまいました。

　この頃、次第に自分の発達障害特性に気がつき始め、診断を受けることになります。この経験はある意味私にとってのターニングポイントだったと思っています。

優先順位
がつけられない

ヤルベキコトがあらわれた。
・・・・・
しかし、勇者は何から手をつけていい
のかわからない。
▼

なぜ、優先順位をつけられないのか

「もっと優先順位を考えて仕事をしよう」というありがたいアドバイスをくれる人は多いですし、多くの仕事術の本にも、優先順位をつける大切さが書かれています。

そうはいっても、目の前の仕事をこなすことで精一杯。仕事の順番をゆっくり考えている暇なんてないよ……という悩みを抱えている人、多いのではないでしょうか。でも、安心してください。

優先順位をつける能力は、本来、誰にでも備わっています。

気づいていないだけで、あなたはいつも自分のものさしを使って、今どの仕事をすべきかを瞬間瞬間でちゃんと決断しているのです。

私@Ｆ太が昔、会社で働いていたときは、こんな感じでした。

最近デスクが散らかっているから、今日こそは整理したいな。
……でもその前に、新しい企画の内容を考えないといけないんだった。

……いやでもその前に、経費の申請が明日までだったから、今日、領収書をまとめないと。……いやいや、でもその前に、今朝急に上司にいわれた、明日の会議の資料を作成しないとな。

……やることが多いな、ひとまずメールチェックしちゃおう。

う、うわ、顧客からいつになったら連絡をよこすんだ、とクレーム気味のメッセージだ。しまった、急いで返信しないと……！

　本当はデスクの上を整理して、気持ちよく仕事する環境を整えたいのに、締切を破って総務の人に怒られたくないから、上司に怒られるのが怖いから、取引先に怒られるのが怖いからというように、**優先順位がコロコロと変わってしまっていました。**

　このときの私のものさしは、「上司やお客様に怒られたくない」というものでした。無意識のうちに「怒られないように怒られないように」とやるべきことを選んでいたのです。

　「怒られたくない」という思いで仕事をするのが悪いのではなく、自分がどんなものさしで仕事の優先順位をつけているのかを理解していなかったのが問題でした。

　とはいえ正しい優先順位をつけるために、何か特別なことを何時間もかけてトレーニングしなくてはいけない、というわけではありません。手順書を見比べながら、今、どれをやるかを決める。私はこのくり返しで「怒られるかもしれないけど、今やるべきことはこれ！」と決められるようになりました。

　この**「比べて、選択する」という経験をくり返すことで、自分のものさしがどんどん洗練されていきます。**CHAPTER 3では、正しい優先順位のつけ方についてお話しします。

優先順位のつけ方がわからない

▼

優先する「人」の順番を決めておく

　優先順位のつけ方がわからないとお悩みのあなたに、いちばんシンプルでわかりやすい方法をご紹介します。仕事は偉い人順に優先してみましょう。つまり**社長からの依頼が最優先**です。

　いうまでもなく会社組織は、上層部であればあるほど重要な情報を把握しています。とくに社長は、その一挙手一投足で会社全体を動かすほど影響力が大きいのです。

　職位の高い人からの依頼には安心して専念しましょう。シンプルすぎて拍子抜けかもしれませんが、これが最もまわりを納得させやすい優先順位のつけ方なのです。

　もちろん、「せっかちで怖い人」とか「強引でグイグイくる人」とか、衝動的に優先したくなってしまう人もいます。そういう人に惑わされないために**重要なのは、自分の中で「優先する人の順番」を決めておくこと**。

　この順番が明確だと、例えば誰かに「急ぎでお願い」といわれたときに「社長から頼まれている仕事を済ませたら取りかかりますね」とすんなり伝えることができるようになります。理由があれば相手も、自分の仕事が後回しにされることに、納得感を覚えやすいのです。

　優先順位を決めるためのしっかりとしたルールを持ち、そのルールにしたがって取りかかる順番を決める。このくり返しに

よって、優先順位をつけるセンスが磨かれていくのです。

例えば、こんな会社なら

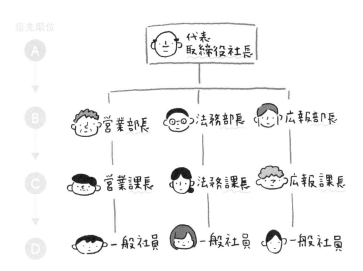

優先順位

A

B

C

D

名称や呼び方は会社によって変わる。

とくに大企業は複雑に入り組んでいることも。

自分の会社はどんな体制を組んでいるのか、知っておくと便利。

POINT

偉い人順に仕事するのも一案

優先順位のつけ方がわからない

▼

先にスケジュールを入れて、空いた時間を把握する

「予定の仕事をこなせず、いつの間にか夜になっていた」という経験はありませんか?

でも、他の人と比べて要領が悪いんじゃないか……と**自分を責める必要はまったくありません**。だってあなたはちゃんと仕事をしていたから。「このくらい自分は時間を使えるはず」という想定が、現実と違っていた。ただそれだけのことです。

「会議や打ち合わせ」「お客様来訪」など、誰かと約束をしてその実行時間が決まっているスケジュールを先に入れてみましょう。当たり前では? と思うかもしれませんね。しかし、スケジュールを入れたあとの残り時間をよく見てください。**使える時間が思っていたより少ないことに気づく**はずです。

ある日のスケジュールです。
- 8時に出社
- 10時から1時間取引先が来て商談
- 昼休みは同僚とランチ
- 13時から2時間社内監査
- 17時には退社して帰宅してすぐに子どもの沐浴

出社から退社までの9時間のうち、自分のデスクで仕事ができる時間は次のとおり5時間しかありません。
- 8時〜10時の2時間
- 11時〜12時の1時間
- 15時〜17時の2時間

さらに、スケジュールが長引く可能性や、朝礼、電話対応、商談の準備も考えなければなりません。その他割り込みタスクなども入れると4時間、場合によっては3時間となることも。まずスケジュールを入れてみて、本当に自分の自由になる時間を把握しましょう。

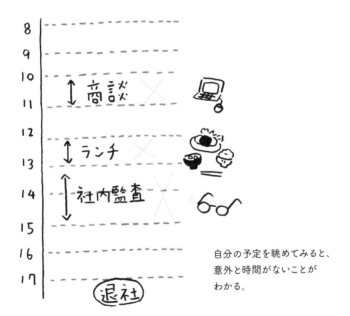

■ ある日のスケジュール

自分の予定を眺めてみると、
意外と時間がないことが
わかる。

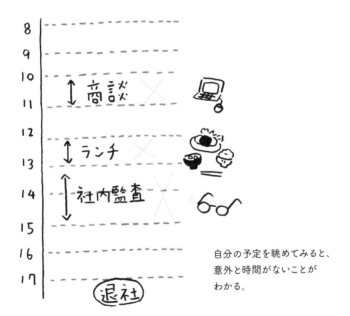

優先順位がぐちゃぐちゃになる

▼

いっぺんにたくさんやりたい気持ちを抑える

仕事が早い人とは、**マルチタスクをあきらめた人**です。
こんな経験はないでしょうか。

① メールを書いている最中に新着メール通知が来る
② つい新着メールを開いてしまう
③ 新着メールの内容や経緯が気になり、過去メールをあさり始める
④ 知らない用語をネット検索。そのままネットサーフィン
⑤ ふと我に返って元のメールに戻るも、「あれ？ どこまでやっ
たっけ？」

自分の中では「メールを書きつつ、合間に軽く新着メールも
チェック」という感覚だと思います。しかし、実際はこうなりま
す。

● メールを「どこまで書いたか」思い出すためのムダな時間が発生
● 新着メールの件も、何をどこまで調べたか思い出すためのム
ダな時間が発生

一方、仕事が早い人は、このような流れになります。

① 新着メールが来ても無視
② メールを書き終わる
③ 新着メールを読み、経緯を確認する

仕事が早い人は、1つの作業に専念しています。「どこまでやっ

たか思い出す」というムダな時間がありません。

　優秀な人はたくさんの作業を同時にこなしているように見えます。そのせいで私たちは「いっぺんにたくさんのことをしなければ！」と悩んでしまうのですが、**その悩みは幻想です**。安心して、目の前の作業を1つずつ終わらせていきましょう。

■ 同時にやるから混乱する

仕事は1つずつ
片付けるに限る。

資料作成

メール
チェック

日程調整

打ち
合わせ

経費
精算

メール
だけ

フフッ…

POINT
マルチタスクはできなくていい

優先順位をつけるときに迷う

▼

「締切」と「質」で迷ったら、締切を選ぶ

仕事に対する自信の大きさは、締切を守った回数に比例します。その自信は優先順位をつける力にもなるのです。「あともう少し時間をかければ、もっとよいものができるのに……」と思っても、締切を優先しましょう。

私@小鳥遊も、以前は締切が大の苦手でした。自分の行く先で鎌を持って待ち構えている死神のようなイメージを、締切に対して抱いていました。

ある会社の面接で「苦手な仕事はありますか」と聞かれて「締切のある仕事はちょっと……」と答えて苦笑されてしまったことも。

それが今では、締切が欲しくてたまらないと思うようになりました。

私が仕事で使っている手順書は、締切の欄を設けていて、仮でもいいので締切日を入れています。空白を埋めたくなる人間の心理を利用しているのです。こうしてタスクに必ず締切を設定するようにしました。

タスクを締切どおりに完了させることは、一種の成功体験です。成功体験を積むと自信が生まれます。つまり「締切を守る → 自信がつく」という好循環が生まれ、「締切が欲しくてたまらない」といえるまでになりました。

「あともう少し時間をかければ、もっと質の高いものができる

のに」という気持ち、よくわかります。けれどそれは締切を破る免罪符になりがちです。そして仕事が滞る原因となり、周囲からの信頼もゆらぎます。最終的には安心して仕事ができなくなってしまうのです。

締切を決めることを恐れないでください。締切を守るたびに自信が生まれ、安心して仕事を進められるようになります。質の追求はそれからでも遅くはありません。

締切が自信をつくる

締切
4/20
CLEAR

締切
4/30
CLEAR

締切
5/15
CLEAR

締切
5/21
CLEAR

締切
5/25
CLEAR

締切
6/1
CLEAR!!

締切を守れば守るほど自信がつく。
締切を1つでも多く守って、
自分にマル印をあげよう。

POINT

「締切を設定して守る」をくり返す

CHAPTER 3-5

すべてのタスクが最優先になってしまう

▼

やらないこと・できないことを決める

　全部の仕事が「最」優先になり、一体どれから手をつけたら
いいんだ!? という状況がありますよね。

　本当の最優先タスク以外を「先送る」または「やらない」と
判断しなければなりません。その2つの方法のうち、「やらない」
についてのお話です。

　例1　忙しいときに電話がかかってきたら

　（よし、今から集中して企画書を仕上げよう！）

　──トゥルルルル……
　（あ、電話が鳴った！ そういえば、昔先輩に「電話はワンコー
　ルで取れ」っていわれたんだ！）

　（いや、でも今は企画書に集中！）

　──「よし！ 企画書できたー！」

　このように場合によっては電話を取らないと決めて、優先し
て取り組むべき仕事もありますね。

　例2　忙しいときに仕事を頼まれたら

　──「小鳥遊さん、営業部の昨日の売上をまとめてほしいん
　　　だけど……」

　すべての案件、優先度トリプルAなんですが

――「すみません、それなら営業事務の柳原さんにお願いできますか？」

（自分もできるけど、今はちょっと手が離せないんだ……）

せっかく自分を頼ってきてくれた人のお願いでも、断らざるをえないときがありますよね。

例3 忙しいときに近くて困っている人がいたら

（隣の吉田さん、請求書の印刷でめちゃくちゃテンパってる……）

――吉田「うわー！ 間に合うかな!? やばいー！」

（手伝いたい！ けれど、自分も今シビアな締切の仕事が……）

――吉田「あー！ 間違えて印刷しちゃったー！」

（手伝えなくてごめん……吉田さん）

吉田さんに救いの手を差し伸べたくなるところですね。でも、自分の仕事に専念しなければいけないのです。ここは優しいあなたも我慢のときです。

つらいですが、自分が関わらなくてもいいタスクを**「やらない」という選択をする**。その結果、自分の仕事がスムーズになります。吉田さんを手伝うのは、それからでも遅くはないはずです。

POINT

「やったほうがいい」をやらない勇気

小鳥遊のしくじり体験記

左が向けない

　休職直前のときの話です。仕事がどうもうまくいかないと悩み、それが原因で会社に行くことすらつらくなっていました。そんな私が当時勤めていた会社は、最寄駅の改札を出て、左側の出口の先にありました。

　だいぶそのつらさが溜まっていたある日、改札を出て左が向けなくなりました。
　「いやいや、向くことくらいはできるだろう」とお思いでしょうか。たしかに、その気になれば左を向いて歩き出すことはできたかもしれません。でも「その気」になれなかったのです。

　朝のラッシュの時間帯。後ろからは続々と人が押し寄せる。前は行き止まり。左は向けない。消去法で右を向いて、人の流れに任せて行くあてもなく歩くしかありませんでした。
　そのうち、大きなビルの下にある小さな公園のベンチに腰を下ろします。会社は駅を挟んで反対側。距離にしてみたらそう遠くないのです。しかし、どうしても腰を上げることができず、その場で会社に休みの連絡。「大丈夫か？」と気遣う相手の言葉にもうまく説明できず、しばらくボーッと座っていました。

　その後ほどなくして休職に至ります。「会社に行かなければいけない」という義務感と、「会社に行くのがつらい」という感情がないまぜになった結果、身体が動かなくなる経験。
　タスク管理のおかげで毎日通勤できている今でも、自分の原体験の1つとしてときおり思い出します。

CHAPTER 4

先送り
してしまう

やらなきゃいけないのはわかってるのに
・・・・・
それでも勇者は今日も先送りして
しまった。 ▼

なぜ、先送りしてしまうのか

　一度取りかかってしまえばすっきりするとわかっていても、なかなか取りかかれない。

　このような仕事の先送りは、なぜなくならないのでしょうか？

　これは人間なら誰しも持っている、**「身体がやり方を覚えていること」から先にやりたくなるという性質**が原因です。

　私@F太がいちばん苦手で、先送りをしがちなのが「領収書の整理」というタスクでした。財布の中に溜まった領収書を整理して、会計帳簿に記入する。やるべきことはたったこれだけなのに、いつも先送りしてしまい、期日ギリギリになってひどく後悔していました。

　一方で、私は自分の行動を分単位で24時間、記録しています。そのデータを元に、毎日1時間くらいかけてレポートを作成しています。こんな面倒な作業を何年も続けているのです。

　取りかかってしまえば数分で終わる作業（領収書の整理）をずっと先送りし、かたや1時間以上かかる作業（レポートの作成）を毎日こなせるのは、**慣れていない作業をするよりも慣れた作業をするほうが、よっぽどラクで簡単**だからです。

　慣れていないことに手をつけるとき、あなたが頭で考えている以上に、身体は拒否反応を起こしています。

　そうやって「慣れていない作業」に拒否反応を示し、うだうだとしているうちに、「慣れた仕事」がどんどん降ってきて、ま

すます慣れていない作業は先送りされていくのです。

　ということは、**仕事をしっかりと身体に覚えさせることができ
れば、先送りはどんどん減っていくはず**だと思いませんか？

　そこで私は

「今日こそ、この領収書の山を処理しきろう！」
と考えるのをあきらめ、

「毎日５分だけ、整理しよう」
と決めて、溜まった領収書を少しずつ整理し続けました。

　すると毎日続けることで作業を身体が覚え、取りかかること
がどんどんラクになっていったのです。
　しかも領収書は山積みにもかかわらず「整理しなきゃ……」
とモヤモヤすることがなくなりました。

　つまり、**仕事自体は終わっていなくても、毎日少しずつ、確実
に前に進んでいる実感が得られれば、先送りの不安は取り除ける**
ということです。

　この CHAPTER 4 では、少しずつでも確実に、仕事を前に進
めていく方法を解説しています。先送りの不安のない、解放感
に満ちた環境を、あなたにも手に入れてほしいと思っています。

終わらせたいのに、始められない

▼

終わらせることを、意識しすぎてはいけない

　私@小鳥遊は昔、法律系の難関資格の勉強をしていました。そんな中、一般企業に就職し順調に出世していく友人たちを横目に、焦りまくっていました。

　年1回の試験に向けて厳しい勉強スケジュールを立てても、計画どおりに終われない毎日……。終わらなかった予定はどんどん先送りされ、ますますスケジュールは厳しくなり、いつしかそんな自分に失望して「勉強してもどうせ終わらない」と思うように。

　結果、予備校の自習室に通うものの、寝てしまったり、書店で本を読みふけってしまったり、現実逃避な行動ばかり。当然、毎年不合格です。

　当時は**「ノルマを終わらせる」ことを意識しすぎて、始めることすら難しくなっていた**のです。終わらせたいと強く思うがゆえに先送りをしてしまう。そんな状態でした。

　そこから脱却するには「終わらせなければ！」という強い思いを崩すしかありません。

　そのためにまずは「終わらせる」ことではなく、**目の前にある手順書のいちばん始めだけに集中**してみましょう。仕事を終わらせるのは難しいかもしれない。でも仕事の一部は始められるかもしれない。そんな気持ちになってきます。

終わらせなくていい。
少しやるだけでいい。
少し進んだ！

そうして、ちょっとでも進められた自分を評価してあげてください。終わらせることを意識しすぎず、けれど歩みは止めないように。

そんな遅い歩みで、スピードが求められるビジネスの世界でやっていけるのか？　と思うかもしれません。大丈夫です。終わらせることにとらわれ、プレッシャーで身動きが取れなくなるよりも、**手を動かした分だけ仕事のスキルは格段にアップ**します。

■ 終わりは見なくていい

仕事のゴールを見ると
険しくてくじけそうだけど、
「メールしてみる」なら
できるかもしれない。

POINT

ほんの少しでも進められたら、自分にマル印を

「これまとめておいて」を先送りしてしまう

▼

その場でインタビューを開始する

　以前の職場での話です。私@小鳥遊は、部長から「株主総会の説明会の概要（レジュメ）を作成してほしい」との指示を受けました。引き受けたはいいものの、どんなものを完成品として求められているのかわからないまま、時間は過ぎていくばかり。

　その日の夜遅く、部長に提出したのは「株主総会説明会」というタイトルと日時、場所、そして「株主総会について話す」としか書いていないA4の紙1枚（！）。

　あきれた部長から出てきた言葉は「今日はもう、帰ろう……」でした。

　そこまでではなくとも、「今日の会議をA4ペライチでまとめて」といわれて、悩んだ人は多いのではないでしょうか。

　1分間の動画には、約180万語の情報量があるといいます。単純な比較はできませんが、1時間程度の会議を、**A4サイズ1枚にまとめるのは難しい作業**であることは間違いありません。だから悩むのは当たり前です。

　完成品をイメージできない資料作成を頼まれたときは、その場でインタビューをしながら、イメージ図をつくっていきます。

　　　　自分

「だいたいこんな項目を入れようかなと思うんですけど、どうですか」
（タイトル、テーマ、内容を大雑把に目の前で書く）

— 上司 ―

「うーん、そうだな。この話も入れようか」

― 自分 ―

「ありがとうございます。表は、こんな項目で考えて
いるんですが、どうでしょうか?」

— 上司 ―

「そうだね、それでいこうか」

　インタビューができたら、資料の大枠は決まり。あとは、そ
の項目の内容と表の中を埋めるだけです。

　これで先送りすることはもちろん、見当はずれの資料を作成
することもなくなりますよ。

POINT

自分1人で抱え込まないで

先送りしてから、見込みが甘いことに気づく

ちょっとずつ着手する

仕事は、**やってみないと案外難易度がわからない**ものです。

以前、国からの調査書類に回答する仕事がありました。私@小鳥遊は、マルつけぐらいだろうとたかをくくっていたのですね。しかし、締切間近になり中を開けてみると膨大な回答欄。とても当日中に終わるものではありません。

「ああ、最初に少し手をつけておけばよかった……」

と嘆いても後の祭り。

その日は夜遅くまでやっても終わらず、休日出勤して終わらせました。もちろん上司にも注意を受けました。

このように、早いうちに仕事完了までの距離感をつかんでおかないと、大変心臓に悪い思いをします。

とくにたくさんのタスクを抱えているときは、将棋の名人が多くの対戦相手の盤に移動しながら将棋を指す「多面指し」のように、**多くのタスクに、少しずつ着手**するのがおすすめです。「この感じだと、もうちょっと早めに進めておかないと」といった**完了までの距離感がわかる**ようになります。

これは、1時間考えたからといって答えが出るとは限らない、アイデア頼りの仕事にも使える考え方です。1個だけアイデアを出して、いったん他の仕事に移る。すると次に戻ってきたときに、もっとアイデアを出しやすくなっているのです。

■ 終わりまでの距離感をつかむ

仕事はレベル順に並んでいるわけではない。

自分でやってみて初めて仕事の大小や難易度が見えてくる。

POINT

仕事はやってみないとわからないことだらけ

ちょっとした仕事を先送りしてしまう

▼

小さい仕事は、大きい仕事につけ足す

外出や出張について回るのが、交通費などの経費精算ですよね。

私@小鳥遊も仕事で外出したら、帰社してから交通費の精算をしなくてはいけないのですが、正直、片道百数十円だと「額も小さいし、あとでやろう」と思いがちです。

一度先送りすると、もうやらないですね。他の仕事を優先して、いつの間にか忘却の彼方(かなた)に。さらに月をまたぐと「先月のことを今さら!?」と経理に怒られるので、なおさらやりません。

つい後回しにしてしまう小さい仕事は、手順書の最後に組み込むのがおすすめです。

○○セミナーに参加する
 1. セミナー申込み
 2. セミナー参加
 3. 経費精算申請

こんな感じで出張や外出の最後の手順に、経費精算を加えてみてください。「まだやることが残ってますよ!」と手順書が教えてくれます。

先送りしがちなちょっとした仕事は、必ずやる仕事とセットで書き出しておくと、先送りを回避しやすくなり、忘れてしまうことも格段に少なくなりますよ。

■ 仕事のセットメニューをつくる

飲食店によくあるセットメニューの感覚で、大きい仕事に小さい
仕事をくっつけてみよう。先送りグセが減る。

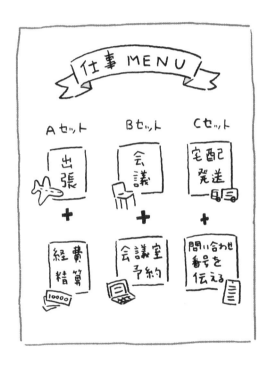

POINT

ご一緒に経費精算はいかがですか？

手あたりしだい手をつけてしまう

▼

いい先送りもある。堂々と先送りを

「先送りは悪！」と思って、振られた仕事に脊髄反射で取りかかっていませんか？

私@小鳥遊も以前は、頼まれたらすぐに手をつけていた時期がありました。しかし、他の仕事を放り投げて手順もあいまいなままに手をつけるので、結局どの仕事も中途半端。仕事を溜めに溜めて→頭がパンク→突然、休職……。という展開に。結局、すぐやるどころか、まわりに多大な迷惑をかけていたのです。

こんな私と似た傾向の人にありがちなのが「よかれと思って手をつけて、全部中途半端になってしまう」という状態。先送りしないようにする姿勢はとても好感を持てるのですが、結果的に中途半端な仕上がりで怒られてしまう。なんとも損な話ですよね。

実は、**先送りには「悪い先送り」と「よい先送り」があります。**
なんとなく手をつけない結果として生じるのが、悪い先送り。
見通しをつけて、計画的に「今やらない」を選択した結果として生じるのが、よい先送りです。

手順書づくりが習慣になっていれば、今やらないでよいという選択をできるようになります。それだけで衝動的に仕事を進めるのを防げますよ。

POINT
よい先送りは、積極的に

仕事に手をつけられない

▼

あえて仕事の続きを残しておく

テレビ番組で「まだまだ続くよ！」とテロップが入ると、つい続きが見たくなるものです。このように、完了したことよりも中断した続きのほうが気になる心理を、ツァイガルニク効果といいます。

これは、先送り対策にも活用できます。

今日「もうちょっとやりたい」という状態で、**わざと仕事を残してみてください。**

するとエンジンがかかりやすい状態で翌日を迎えられます。どこから手をつければいいかが明確だからです。そして結果的に先送りの防止になります。

手順書をつくって、中断したところをわかるようにしておくのがいいですね。

どこまでやったのか？

どこから始めるのか？

がわからないと、結局先送りになってしまう可能性大だからです。

手順を少し残して、翌日に「待ってました！」と終わらせる。そんな方法を試してみるのもよいかもしれません。

POINT

明日の自分へプレゼントを

小鳥遊のしくじり体験記

アイスコーヒー

　自信を失うと、当たり前のことができなくなります。できると思えなくなってしまいます。

　以前、仕事がうまくいかずに休職したときのこと。ミスなどを気にしすぎるあまり、「自分は何もできないんだ」と自信を失っていました。そんなある日、カフェに入りました。席に座りアイスコーヒーを注文。ほどなくして運ばれてきました。そこで私は驚き、そして感動したのです。なぜかわかりますか？

　驚き・感動ポイントは４つありました。

・店員さんが自分の注文を間違えずに取ってくれた。
・取った注文を間違えずに厨房スタッフに伝えてくれた。
・厨房スタッフが間違えずにアイスコーヒーをつくってくれた。
・店員さんが席を間違えずに持ってきてくれた。

　「そんな当たり前のことを!?」とお思いですよね。たしかに当たり前のことだと思います。しかし極度に自信を失った私は、「間違えずにそんなこと……自分にはできない！」と思ったのです。当時の自分にとっては、そんな簡単なことも間違えずにできる自信がなかったのです。

　今思えばネタでしかないエピソードですが、当時は「おそらく社会人としてやっていくことは無理だろう」と、行く先にまったく希望が持てませんでした。

　それから十数年経ちますが、そのときの驚きと感動は今でも覚えています。ある意味、忘れてはいけない自分の原点だと思っています。

CHAPTER 5

ケアレスミス、
物忘れが多い

ミス妖怪につかまった。
・・・・・
勇者は今日もあやまっている。

▼

なぜ、ケアレスミス、物忘れが多いのか

よく忘れ物をする。ちょっとしたミスが多い。しかも同じ失敗をくり返してしまう……。上司からは何度も「次からは気をつけろ！」としかられる。

はい。気をつけています。気をつけてはいるんです……。

なぜこんなにも気をつけているのに、ケアレスミスはなくならないのでしょうか？　それは逆説的ですが**ミスをしないように気をつけているから**にほかなりません。

しっかりと気をつけていられる間は、ミスは減ります。でもミスをしないようにずっと気を張り続けるのは、神経を消耗します。

しかも意識しすぎると、つねに「何か忘れていないか？」「確認の抜けもれがあるのではないか？」とビクビクしてしまい、自分に対する信頼感や自信が、どんどん削られていきます。

忘れっぽく、注意散漫な我々がミスをしたらまずやるべきことは、自分のまわりにミスを回避する「仕掛け」を張り巡らせることです。

ミスをしない自分に変わろうとするのではなく、ミスをしがちな自分の生活環境、職場環境を変えていく。まずはそのように発想を切り替えていきましょう。

私＠Ｆ太は外出が下手です。しょっちゅうものを忘れたり、鍵を締め忘れたりして、遅刻していました。

例えばスマートフォンの充電器。これは本当によく忘れます。次こそは充電器を忘れないようにしよう、と固く誓い、充電器をしっかりカバンに入れて安心か、と思えば、今度は充電用のコードを忘れます。激しく後悔しながら、今度こそ、と充電器とコードをしまってこれで大丈夫だ、と思ったら、今度は充電器が充電されていない……。

　忘れ物をしないようにいくら「気をつけて」も、次から次へと予期せぬ失敗をくり返すので、ついに私は「いつか自分も学習するだろう」と期待するのをやめました。

　そして忘れ物をするたびに、「出かける前の手順書」に項目をつけ加えることにしました。「起きたら充電器を充電する」「充電器をカバンに入れる」「充電コードをカバンに入れる」という項目を追加していき、充電器に関してはついに忘れることがなくなりました。

　このように、ミスをくり返すたびに手順書をつくり込んでいくと、忘れ物に気をつけなきゃ、と緊張することがなくなります。私は自分の学習能力には期待していませんが、自分がつくり込んできた「出かける前の手順書」はとても信頼しています。

　自分の外側の仕組みをつくり込んでいけば、今までミスをしないようにしなきゃ、と緊張させていたメンタルが解放され、もっと安心して、気持ちよく仕事ができるようになりますよ。

物忘れが多い

記憶はデジタルに外注する

　物忘れは起こって当然。

　いっそ割り切って、物忘れの多い自分を助けてくれるものに頼ってください。

　視力の弱い人はメガネで視力を補強しますよね？ それと同じです。

　脳での記憶はあきらめてデジタル機器に頼りましょう。

　メモ帳、スケジュール帳などでもOKですが、便利なデジタル機器を使いこなせるに越したことはありません。

　まだ利用したことのない人は、これを機に使ってみてはいかがでしょうか。

　代表的なデジタルメモツールとして、Evernote（エバーノート）があります。以下、メリットを列挙します。

　⑴ 集約できる

　　情報を1か所にいくらでも溜められます。パソコンでもスマートフォンでも同じ内容が見られるのも便利です。

　⑵ 検索できる

　　うろ覚えであってもすばやく探し当てることができます。

　⑶ 編集できる

　　順序の入れ替え、言葉の置き換え、同じ内容の複製、画像の挿入、あらゆる記録作業が簡単に行えます。

　くだらないことは覚えているんだよな〜

手順書はもちろん、ありとあらゆるメモを1か所に集めておくと「ここにアクセスすれば絶対に見つかる！」という安心感が生まれます。頼れば頼るほど、精神的余裕も大きくなりますよ。

■ 「頭で記憶しない」と割り切る

自分で覚えるのではなく、デジタル機器に頼ろう。
自分の頭にハードディスクを外づけするイメージをもって。

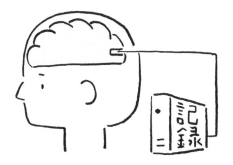

ミスが多くて落ち込む

ミスこそが最高の手順書をつくる

　私@小鳥遊は会社の管理部門で法務を担当し、契約書の作成を行っています。ある日契約書の当事者（甲乙）を一部入れ違えるというミスをしました。しかも同じ契約書で2回も。

　恥をしのんで詳細を説明すると、ものを売買するシーンでものを渡してお金をもらうはずが、ものを渡してお金も渡す内容にしていました。法務担当としてあるまじきケアレスミス……。

　幸いにも、社外に出す前に役員の指摘で修正対応できましたが、当然ながらおしかりを受けました。真面目に取り組んでいたのに、それでもケアレスミスをしてしまったという現実。落ち込みました。

　そこで、契約書作成の手順書に手を加えました。4 が今回追加した内容です。

契約書作成

1. 契約書を営業部から受けとる
2. 受付表に記入する
3. 内容をチェックする
4. 当事者（甲乙）と条項番号の正誤確認
5. 営業へ契約書を返す
6. 法務チェック合格証明書を営業部へ送る

これで注意散漫な私でも、ミスが格段に減りました。

CHAPTER 1でお伝えしたとおり、手順書どおりに実行することが第一。**ミスをしたら、そのミスを防ぐ手順を追加**してください。

　この追加をクセにしてしまえば、ミスが起きない手順書が勝手に仕上がっていくのです。

■ ミスしたらブラッシュアップ

　ミスしたら、落ち込む前に「手順書を書き換える」を習慣にしよう。

ミスった！

おきかえ

ミスゼロ！

誤字脱字が多い

▼

声に出して読む

　何度書類をつくっても、誤字脱字を指摘される……。そんなあなたに私@F太がまずお伝えしたいのは、**タイピング入力に、誤字脱字は当たり前！** ということです。毎日たくさんタイピングする私も、誤字脱字はしょっちゅうです。

　手書きの時代は文字を書くスピードがゆっくりで、誤字脱字に気づきやすかった。けれど現代は、ほとんどがタイピング作業で、書くスピードは格段に速くなりました。しかし人間の脳は縄文時代から大して変わっていないので、考えるスピードも変わっていません。

　だから誤字脱字のミスは絶対に起きます。潔くあきらめて、誤字脱字を発見するスキルを身につけてみませんか。

　究極の誤字脱字発見法、それは書いた文章を音読すること。たったこれだけです。

　ささやき声程度でも構わないですし、口を動かすだけでもOKです。とにかく自分の口を動かし、書いた文章を音読してみてください。文字が抜けていたり、変換がおかしかったりすれば、そこで気づけるはずです。

　しかもこのチェック方法、**文章力や会話力も抜群に鍛えられます**。音読することで、一文が長すぎるとか、てにをはの使い方がおかしいとか、そういう文章自体の違和感にも気づく力が鍛えられます。

小鳥遊　　　　Ｆ木

『要領がよくないと
思い込んでいる人のための
仕事術図鑑』
を読んでくださったあなたへ

「要領が良くないと思い込んでいる人のための仕事術図鑑」
を読んでくださった皆様へ

このたびは、本書をお読みくださりありがとうございます。著者の一人、
小鳥遊（たかなし）です。

この本を手に取られたということは、多かれ少なかれ、ご自身が仕事について
悩みをお持ちなのだと思います。

本来、仕事は誰かの役に立つ有意義で充実感が得られるものなはずです。
それなのに、今や仕事はほぼ苦役となっている感があります。事実、本書の
「はじめに」で書いたとおり、失念りや抜けもれ、不注意や自責といった
傾向を持っている私は、仕事がつらくてしょうがありませんでした。

そんな私でも仕事が無理なく終わらせられるようになった「手順書づくり」は、
同じような悩みを抱えている方々の希望になる！と確信し、本書を書き上げ
ました。

仕事場には行ける。でも、仕事がうまくできなくてつらい。それなら、他ならぬ
自分がなんとかしなければいけない。そのため、毎日歯を食いしばって頑
張っている。この本は、そんな方々へ送る私からの精一杯のエールです。

この本を読んでいただき、仕事への苦手感が軽くなったとしたら、著者
である私にとってこれほど嬉しいことはありません。この本を読んで
くださった皆様が落ち着いて前向きに仕事に取り組めるように
なり、充実した毎日を送られんことを。

　　　　　　　　　　　　　　　　　　　　　　小鳥遊

この本の周りにはきっと、もっと有名な方が書いた
たくさんの本が並んでいたと思います。その中から
それでも、この本を手にとってくださったということは、
他の本とは違う何かを、この本に感じてくださったから
ではないでしょうか。

私は社会に出る前からたくさん、本に助けられてきました。
本が大好きです。感謝もしています。でも私の中にはずっと、
どんな本の激励からも零れ落ちてしまう、自分が残っていました。
だから自分で、自分たちで書くしかありませんでした。

この本には、自分がいちばん苦しかったときに知っておきたかった
こと、誰かにかけてほしかった言葉を書きました。
当時の自分を、掬うために書いた本です。

この本を、同じことで悩むたくさんの人が、手に取ってくださいました。
そしてあなたが今、手にとってくださいました。

私は一人じゃなかった。あなたも一人じゃないです。

この本を手にとってくださいまして、ありがとうございます

F太

また、**自分が書いた文章を発声することで、「自分の考えを口に出す」練習になります**。会話が苦手な人は、自分の頭の中にある言葉を口に出すということ自体をあまりしない傾向にあるようです。自分の文章を自分の声でなぞることで、実際の会話の際も、自分の思考を声に出しやすくなりますよ。

音読するとミスを発見できる

声に出すとこんないいことがある

・誤字脱字、変換ミスに気づける

・違和感のある文章に気づける

・ちょうどいい文章量がわかる

・会話力が磨かれる

・自分の思考の整理になる

POINT

声に出しただけ、ミスが減る

タイピングでケアレスミスをしてしまう

▼

辞書登録を駆使する

ケアレスミスの筆頭といえば、やはりタイプミス・誤変換ではないでしょうか。

私@小鳥遊は、ミスを減らすためにも「自分で文字を入力する」ことをできるだけ避けています。

そのために欠かせないのがパソコンの辞書登録機能です。変換候補に表示されない難しい単語やめずらしい人名、言い回しとしてよく使うフレーズを登録できます。

最初の2〜4文字をタイプするだけで表示するように登録できるので、時短にもなります。**手間を省きながら間違いを防げるのです。**

とくに業界の専門用語は誤変換しやすいです。私が実際に登録しているのとほぼ同じ内容をご紹介します。

メール冒頭の挨拶、締めの言葉

「おせ」：お世話になっております。〇〇株式会社の小鳥遊です。

「おつ」：お疲れ様です。小鳥遊です。

「いじょ」：以上、どうぞよろしくお願いいたします。

「とりい」：取り急ぎ、お礼のみにて失礼します。

取引先、お世話になっている方

「うめ」：梅村総合法律事務所

「たけ」：竹下先生

業界の専門用語
［かだい］：架台
［れんけい］：連系

その他
会社の住所、電話番号
自分のメールアドレスや社用携帯番号
一発変換できない会社名や人名

　実際にはもっと登録しています。でも、いっぺんにたくさん登録する必要はありません。1日1個などと決めて、**少しずつ登録していく**のが無理なくできておすすめです。確実にタイピングが速くて正確になり、ケアレスミスから遠ざかることができますよ。

POINT
できるだけ自分で入力しない

人の名前、人の顔を覚えられない

「メモ」「あだ名」「フォロー」でもう怖くない

　人間の得意、不得意というのは、人によって異なります。人の名前や顔を覚えるのが苦手な人は、人間以外の何かに強い興味を持っていることが多いようです。そしてその興味の対象には、誰よりも深い知識を持っているように思います。

　とはいえ会社という組織で働く以上、お客様や取引先の人の名前と顔は、覚えておいたほうが何かとスムーズなのは間違いありません。

　ここでは人物記憶法をご紹介します。私@F太がおすすめする方法はこの3つ。

    ⑴　名刺にメモを書く
    ⑵　あだ名をつける
    ⑶　思い出せないときのフォロー方法を用意しておく

　もらった名刺に、相手の情報をその日のうちに書き込んでおきます。相手の顔の特徴や、話した内容などを記録しておくと思い出しやすくなります。

　また、**できるだけ印象に残るあだ名**を自分の中でつけます。残念ながら、相手に失礼なあだ名ほど、覚えやすいのが正直なところ。一度会った相手を忘れてしまうほうが失礼なので、堂々と覚えやすいあだ名をつけましょう。

　名前を思い出そうとしているときの、頭のフル回転っぷりといったら

どうしても思い出せないときには、こっそり裏で名前を教えてくれる同僚を見つけておいたり、

　「本当にすみません、ど忘れしてしまって。最後にお会いしたのはいつ頃でしたか？」

　などと、失礼を承知で相手に尋ねられるよう、**質問のフレーズを用意しておくと便利です**。フォロー方法を準備しておくと、人に会う苦手意識や恐怖感を薄められますよ。

名刺にメモが効く

　覚えられないのは仕方ない。今後お世話になりそうな人、仲良くなりたいと思った人のことは名刺にメモとあだ名を書いておこう。あなたを助けてくれるアイテムになるはず。

・ひげあり
・声が渋い
・おだやかな表情

「スロー BOY」

・黒縁メガネ
・七三分けのヘアスタイル
・甘い物好き

「くまのプーさん」

・ぱっつん前髪
・ボーイッシュな感じ
・フットサルをやってるらしい

「なでしこジャパン」

POINT

覚えるのは、あきらめる

日付や時間を間違えてしまう

一次情報にこだわる

　私@Ｆ太は、日付間違い恐怖症です。

　とくに海外旅行をするとき、出発時と到着時で日付が異なるなんて場合は、それはもう何度も何度も、出発時刻と日付を確認してしまいます。

　基本的に私は、**自分で書いたり入力したりした日付や時間を信用していません**。

　私はgoogleカレンダーに、予定と一緒に絶対に間違いのない日時が確認できる情報源をメモとして入力しています。

　例えばこんな感じです。

- 誰かと会う約束をしたときには、そのやりとりをカレンダーのメモにコピペ

- イベントの予定は、日付や日時が記載されたイベントの申込みページのURLをコピペ

- バスや飛行機の予約時刻も、予約確認ページのURLをコピペ

- 結婚式や同窓会など、紙で日時の通知があった場合は、スマートフォンで写真を撮っておく。カレンダーには「撮影済み」とメモ

　こんなふうに記録しているので、googleカレンダーにアクセスできる環境なら、いつでも**「絶対に間違いない日時」**が確認

できるようになっています。

　そしてそれらを、前日ないし当日には必ず見直し、間違いがないかをチェックしています。

　それでも私は日付を自分で管理するのが怖いので、googleカレンダーを会社や家庭のパートナーと共有しています。
　そうすれば、何かおかしい予定が入っていれば共有している誰かが指摘してくれるので、間違いの確率がさらに減ります。

　さらに念には念を入れ、予定の前日や当日に、約束している相手に、
　「明日○日、○時からよろしくお願いします。お会いできるのが楽しみです！」
　といったメッセージを送ることもあります。

　以前このようなメッセージをいただいて私自身嬉しかったのと、これは日時の間違いがないかどうかを相手に確認する効果もあると気づき、以来、真似させてもらっています。

POINT
自分のメモにだまされるな

忘れ物が多い

▼

自己肯定感を下げない声がけをする

　私@小鳥遊はよく忘れ物をします。小学生の頃、毎日のように親が「次は忘れないよういい聞かせます」と担任の先生に謝っていました。あれから40年近く経って、ようやく忘れ物対策がわかってきました。

　そもそも、ものに埋もれがちな我々は「もの」を増やさない、捨てることが肝心です。しかし、それでもなお多くのものを忘れてしまうというあなたには、次の2つをおすすめします。

- ● 同じ場所に戻す
- ● 笑い飛ばす

　まず「同じ場所に戻す」について。私の部屋には特別な「箱」があります。帰ったら財布、メガネ拭き、鍵、定期券をそこに入れ、出かけるときにそこから取り出します。**毎日決まった場所に決まったものを置く**と、忘れ物が少なくなりました。

　そして「笑い飛ばす」について。私はいつも**「よし、完璧だ!」**といって家を出ています。忘れ物に気づき家に戻ったとしても、忘れ物を手に取り**「ますます完璧になった!」**と笑い飛ばして家を再出発します。

　つまり、忘れ物をしてしまった自分を否定しないこと。これがポイントです。

　ボジョレーヌーボーの紹介コメントのように「過去最高の完

壁さ」「10年に一度の完璧さ」など、バリエーションは豊富です（笑）。

　失敗を自虐っぽい笑いにすることで、ムダに自己肯定感を下げないのが私の得意技です。

■ 忘れがちなアイテム例

　いつも忘れてしまうもの、いつも探しているもの。

　そんなアイテムは、まずは毎日決まった場所に戻してみよう。

スマートフォン
携帯電話

腕時計

財布

鍵

定期券
社員証

ハンカチ
ティッシュ

アクセサリー

メガネ
メガネ拭き

充電器

POINT

「忘れない」「落ち込まない」仕組みをつくる

F太のこじらせ体験記

黒歴史の単語帳

　人の名前を覚えられない、覚えてもすぐに忘れる、という特性のせいだと思いますが、私は友人が多くありません。

　そんな私も大学生の頃、クラスメイトの名前も覚えられないことを深刻に悩んで、名前と特徴と、その人と会話した内容を単語帳に書き込んで毎日持ち歩いているときがありました。雑談で有名人の名前が出ても話題についていけないし、東京の地名や駅名をいわれてもわからないので、芸能人の名前、地名、駅名なども単語帳に入れて頑張って覚えようとしていました。

　暇さえあれば単語帳をパラパラとめくっていたある日、その単語帳を教室に置き忘れてしまったのです。そしてクラスメイトにそれを見つけられて、ドン引きされてしまうという状況。地獄でした。

　それ以来、見られて恥ずかしいものは手書きしないようにしよう……と強く心に決めました。

　現代はスマホがあるのでその点安心ですが、それでもときには、人には絶対見せられないようなことを書きなぐって精神の安定を保つことがあります。そんなときは、A4のコピー用紙に思いの丈をぶちまけたあと、細かく破って燃やすか、水にぬらしてギュッと絞ってからゴミ箱に捨てています。

　ちなみにあれだけ頑張って覚えた友人の名前や東京の地名は、今となっては残念ながらほとんど思い出せません。

CHAPTER 6

集中力
がない

気づくとネットサーフィンとか
考えごととか。。。
・・・・・
勇者は今日も集中できずにいる。 ▼

なぜ、集中できないのか

　集中力という魔法の力を求め、私＠Ｆ太はこれまで、瞑想や脳波をコントロールするという BGM、カフェインはもちろん、頭がさえるハーブティーなど、とにかくあらゆることを試してきました。たしかにこれらは一定の効果がありました。

　しかし長い試行錯誤の結果、私は本質的なことを完全に見失っていたことに気づきました。

　例えるならば、集中力は恋愛です。すごく好きな相手なら、どんなに障害が多くても夢中になれます。でも相手に興味がなければ、どんなに素敵なお店でデートをしても、夢中にはなれませんよね。

　集中力にもまったく同じことがいえます。

　完璧に環境を整えても、**興味のない作業に集中するのは難し**いと思います。
　どんな仕事にも集中できる力が欲しいと望んでいた私は、つまるところ、どんな人のことも好きになれるチャラさが欲しいといっているようなものだったのです（あくまでも仕事の話です）。

　また恋愛では、全然意識していなかった相手と、ふいに２人きりになったことがきっかけで意識し始める、なんてことがあります。シチュエーションによって気分が盛り上がるケースです。

席が近かったり部活が一緒だったりして、少しずつ相手を知るにつれ、だんだん相手のことが好きになるケースもあります。

　集中力にも同じことがいえるのです。つまり集中できないのは、あなたに集中力が足りないのではなく、

・シチュエーションが整っていない
・相手（仕事）のことをよく知らない

このどちらかが原因なのです。

　仕事においてシチュエーションを整えるとは、**その仕事に合った場所と時間を選ぶ**ということ。
　例えば、じっくり考えたりアイデアが欲しかったりする作業は、できるだけ朝や午前中、1人静かに取り組める場所で。
　やり慣れた単純作業は、午後のちょっと眠くなるような時間帯に、少しにぎやかな場所で。

　そして相手（仕事）のことをよく知ること。仕事の中身をよく知らなければ興味もわきませんし、集中力を発揮することもできません。

　終わるまでどれくらいかかる？　どんな資料や知識、スキルが必要？　誰に相談したらうまくいく？　どんな手順で進めていけばいい？
　こんなふうにまずは**仕事の全体像を把握する**こと。それこそが、目の前の仕事への集中力を高めるために大切なプロセスなのです。

集中できない

▼

現状を知って、コントロール感を持つ

進捗状況のわからない仕事が溜まっている。それなのに仕事はどんどん降り積もっていく。

「今日も終わらなかった。明日からもまだまだ問題は山積みだ。一体どうなってしまうんだろう……」

と不安におびえながら毎日のように終電近くに帰る。

そんな時期が私@小鳥遊にもありました。他者から見ても、集中できていないことは明らかという感じです。

人間は知らないこと、わからないことに対して恐怖や不安を抱きます。それが集中できない原因の1つ。

「幽霊の正体見たり枯れ尾花」ということわざがあります。怖い幽霊かと思ってよく見てみたら、何のことはない枯れたススキの穂だったという話です。**「知る」ことが不安や恐怖を取り除く**。それが集中への第一歩になる。わかりやすいたとえ話です。

それでは仕事の場合、何を知ればいいのか。それは次の3つです。

① どんな仕事がどれだけあるか
② 今、具体的に何をすべきか
③ 自分が止めている仕事はどれか

この3つを知るだけで、余計な想像をかき立てることはなくなります。自分でつくりだしてしまった仕事幽霊がシュッとい

なくなるイメージです。

　手順書をつくれば、おのずとこの３つを知ることができます。**まるで仕事が自分の支配下に収まっている感覚**を覚えることができ、仕事のコントロール感が得られます。

　この感覚を得られると、一気に安心感も生まれます。

　すると気が散ることなく、安心して集中力を発揮できるようになりますよ。

■ すべての仕事が支配下にあるの図

　すべての仕事を支配下に収め、コントロールするイメージを持とう。不思議と集中力のスイッチが入る。決して仕事に振り回されてはいけない。

仕事を
コントロール中

上司にヒアリング
出張の準備
日程調整
資料作成

POINT
仕事を操るのは自分

集中できない

ルーティンをつくって、リラックス状態に持っていく

　集中力を上げる手段の1つに、リラックスすることがあります。

　それは、何もテレビの前でソファに寝そべってお菓子を食べているときに限りません。身体から余計な力みが取れて「さぁ、何でも来い！」という気分になっているのも、リラックス状態といえます。

　元プロ野球選手のイチローは、朝に必ずカレーを食べ、打席に入るときには必ず決まった動作をしていたそうです。これは**自分の心をリラックスさせ、より集中するための一連の儀式**のようなものです。

　あなたも、**自分なりのルーティン儀式**（仕事バージョン）を持ってみるとリラックスして、集中できるかもしれません。

　私@小鳥遊の場合は、終わった仕事をリストから消すこと。新たな手順書を書き出すこと。
　これがルーティン儀式です。儀式のたびにうっとり。最高のリラックス時間です。

　「これだけやったんだ！」という誇らしさ。「これからやるべきことは手順書に全部集約されている」という安心感。これが「何でも来い！」と仕事に集中できる状態をつくりだしてくれています。

　ぜひみなさんも自分が最高にリラックスできることを、ルーティン儀式として取り入れてみてください。

ルーティン儀式のアイデア

仕事に取りかかるときや、ちょっとした休憩時間など
自分のタイミングでできる儀式を取り入れてみよう。
気分が切り替わってリラックス度も上がる。

コーヒーを飲む　　　甘いものを食べる　　　散歩する

ストレッチをする　　アロマを香らせる　　　癒やし画像を
　　　　　　　　　　　　　　　　　　　　　眺める

POINT

リラックスが集中への第一歩

他の仕事が気になってしまう

▼

今のきみ（仕事）しか目に入れない

　駅の改札前で大勢の人が行き交う中、うっとり見つめ合っている2人がいたとします。きっと周囲の人が目に入っていないのですね。「あなた／きみしか見えない」という状態です。

　ある意味仕事も「きみしか目に入らない」という状態をつくれたら、集中して作業が進められそうです。

　1つの仕事に焦点を絞って没頭するには、次のことが必要です。

- やることが具体的である
- 自分でやれそうだと思える
- それだけが目に入る環境である

　例えば、新商品企画の社内プレゼンのために資料をつくっていたとします。手順書はこんな感じでしょうか。

　　新商品企画プレゼン
　　　1. 新商品の強みを3つにまとめる
　　　2. パワーポイントに書き出す
　　　3. 会議でプレゼンする

　まずは「新商品の強みを3つにまとめる」から始めたいですね。
　しかし、パワポの書き方はわかるかな？　プレゼンはうまくいくかな？　などと意識が飛んでしまうと、あっという間に集中力

がショート。今ここにいるきみ以外に視線がいっている状況です。

　だから**意図的に、今取り組むべき手順しか見えないようにする**のです。やり方はいろいろあります。

　「新商品の強みを3つにまとめる」と書いた大きな付せんを1枚、見えるところに貼る。手に書くのもいいですね。

　「新商品の強み3つ」と大きく書いたワードの画面をディスプレイの全画面で表示させるもよし。

　とにかく今取り組むべき手順だけしか、目に入れないようにするのです。

　集中できないときにぜひ試してみてください。くれぐれも他の手順、他の仕事に浮気しないでくださいね。

1つだけに集中するために

付せんに書いて貼る

まわりに宣言する、共有する

くり返し唱える

POINT

つねに1つだけを見ていればいい

雑音が気になってしまう

▼

ちょっと環境を変えてみる

　周囲の雑談、雑音につい耳が持っていかれてしまうことはありませんか?

　従業員が気持ちよく集中して働ける環境を用意するのは、もちろん会社の責任です。しかし**与えられた環境でサバイブするスキル**は、結局のところ今後、どんな場所でも必要なスキルです。

　例えば電話しているとき。

　受話器越しの相手の声と、隣で話す人の声の両方を耳が拾ってしまい、集中が削がれることがありますよね。

　電話中に周囲で「これはどうするのー?」「それはですね……」「ん? 聞こえないー!」「だからー!」と大きな声が飛び交うとき、私@小鳥遊は容赦なく指を片耳に突っ込みます。

　これは「電話の声が聞き取りにくいときは耳をふさぎますね」と事前周知した上でやっています。

　ささいなことかもしれませんが、これができるかできないかだけでも、ずいぶんと違います。

　集中するための工夫は他にもあります。

　会議室を取って別の場所で1人で作業する。同僚と協力して打ち合わせの体を取るのもいいですね。

　また、騒がしいのを逆手に取って、自分の思考を小声で逐一声に出しながら作業すると、集中力が高まります。書類を読むときは紙にプリントアウトして音読するという人もいます。

　頭を使わずにできる単純作業に切り替えるのもおすすめです。

そこまでやっても集中できなければ、潔くあきらめるのも一案です。トイレ休憩やカフェに飲み物を買いに行ったりして気分転換すると、集中できることも。

　私たちは、**自分の集中力を自在に操れる超能力は持ち合わせていません。**自然と集中できる環境をつくることに工夫をこらしましょう。

会社によって、できること、できないことは異なる。
できることから試してみよう。信頼できる人に相談してみるのも◎。

耳栓をする

イヤホンをする

電話中、
片耳に指を入れる

場所を変える

声に出して読む

頭を使わない作業をする

POINT

集中力を持続させたい

自分の行動を実況中継してみる

　学生時代、どれだけクラスメイトが騒いだり話しかけたりしてこようと、まるで高機能のノイズキャンセラーがついたかのように、好きな人を目で追ってしまっていたものです。

　ただ、仕事にそんな対象を求めるのは難しいですね。それでもノイズキャンセリング機能を発動させるよい練習方法があります。それが**自分の行動の実況中継**です。

　「おおっと、小鳥遊選手、今トイレのドアに手をかけたーっ！」
　「今まさに、執務スペースに入ろうとしています」
　「出たーっ！　鬼のメール返信！　これで相手に発注をかけてしまうのであります！」
　「小鳥遊選手、ここでいったん休憩を取るために席を立ち上がるようです」

　「今、リングのロープに手をかけた」とアナウンサーがいえば、視聴者は自然とロープにかけている手に視線を向けるようになります。

　仕事でも同じです。**自分の作業、行動に言葉をつけて意識**を向けてみてください。
　リングアナふうにやる必要はありませんが、
　「ドアを開けた」
　「歩いて自分の席に向かっている」
　「今、メールを書いている」

と脳内実況するだけでも、自分が今やっていることに集中する、よい練習になりますよ。

■ 集中力の練習

　私たちはすぐ別のところに意識が飛んでしまう。それは仕方ないこと。意識が飛びそうになったら呪文のように「今、○○をしている」と唱えてみよう。

POINT

「今」に意識を向けてみる

集中できるのはいつ？

集中できるタイミングを知る

　私@小鳥遊が集中力を発揮できるのは「朝」です。

　頭を使う仕事やミスしやすい仕事、集中したいときには、朝や午前中に取り組むようにしています。

　一般的にも朝がいちばん集中できる時間帯といわれますが
「午前中はぼーっとする」
「なぜか夕方になるとエンジンがかかる」
なんていう人も多いのではないでしょうか。

　集中できる時間帯は人によって異なります。
　1日のうちで「今、乗っている！」と感じたら

- 時間帯
- 場所
- やっていた作業
- 気分

を書き残してみてください。
　記録に残すことで、自分の集中力のバイオリズムがわかってきます。
　それに合わせて仕事の種類や順番を変えると、集中力がアップするから不思議です。
　私は出社前に、会社が入っているビルの1階にあるカフェで過ごす時間にスッと集中できることがわかりました。

以前の私は、出社するやいなや、矢継ぎ早に指示される仕事、どうしても目についてしまう仕事、やりやすい仕事、それらに脊髄反射のように手につけていました。

　その結果、頭を使う仕事やミスしやすい仕事を、どんどん後回しにする毎日を送っていました。

　すると、疲れが出始めた夕方以降に、最も集中力を要する仕事を始めることになるのです。ミスしやすい状況を自らつくってしまっていたといっても過言ではありません。ミスのリカバリーも必要になります。

　そんなこんなで、慢性的な長時間残業状態に陥っていました。

　今は、集中力を発揮するタイミングに合わせた無理のない１日が過ごせています。そのおかげか、残業前提で働いていたときとは違い、ほぼ定時で帰れるようになりました。

　「仕事がうまく進まないなぁ」と悩んでいる人は、**集中力のピーク時間を意識してみましょう。**

　もしかしたら、仕事のやる順番を変えるだけでうまく進められるようになるかもしれません。

- - -
POINT
自分の集中力。ピークはいつ？
- - -

集中しすぎて疲れる

▼

過集中を強制的に断ち切るシステムをつくる

1つのことに集中するあまり、他のことが手につかなくなってしまう。集中しすぎて寝食を忘れてしまうことも。

そんな過集中に陥ったあとは、決まって大きな疲労に襲われます。ときには、それが原因で体調を崩してしまうこともあります。私@小鳥遊もその傾向があります。

正直、**過集中をセルフコントロールすることは難しい**です。いっそのこと自分の過集中を強制的に断ち切る仕組みをつくるのがおすすめです。

私が週に1回講師を務めている就労支援事業所では、スタッフさんに「疲れていませんか」と声をかけてもらっています。
いわれて初めて「はっ！ そういえば、私疲れていますね！」と気がつくのです。このように、**第三者に断ち切ってもらう**のもありです。

自分でできる対策としては、タイマーをセットして「25分間集中」「5分間休憩する」をくり返す、ポモドーロテクニックという手法です。アラームによって強制的に中断されます。

また手順書を細かく分けておくのも有効です。例えば、2時間かかる仕事を15分くらいの細かい手順に分けてしまいます。1つの手順が終わると切りがいいので、そこで手を止めることができます。

まわりのことが目に入らなくなるのもまた悩み

一般的に集中できることはいいことです。集中できないと悩む人は過集中を「うらやましい！」と思うかもしれません。

　しかし何ごともやりすぎは禁物。過集中の張り詰めた糸が切れたとき、体調を崩したり心が疲弊してしまったりします。自分以外から強制的に断ち切ってもらうのを、強くおすすめしたいと思います。

■ 誰かに断ち切ってもらおう

過集中は心身ともに疲労する。手を止めるタイミングを、第三者につくってもらうのもおすすめ。まだまだいける！ と思っても身体は悲鳴をあげているかもしれない。

そろそろ休憩行きませんか？

POINT
高い集中力は諸刃の剣

小鳥遊のしくじり体験記

タクシー

　電車なら数百円で済むのに、1万円以上かけてタクシーで帰宅していた時期がありました。

　当時の通勤経路は新宿と渋谷という大きな駅で乗り換えをする必要がありました。あの人混みに耐えられなかったのです。朝は普通に通っていましたが、就業を終えた夜には無理でした。

　その頃から次第に心の疲れが蓄積していたのかもしれません。今思えば身体からの危険信号だったのでしょう。しかし当時は目の前にある山積みの仕事をこなすことしか考えておらず、自分のケアは二の次でした。

　このとき私は、「二次障害」を起こしていたのです。自身の発達障害特性からか、当たり前にできるはずのことがなかなかできず、それが原因で否定的な評価をされ、抑うつ症状が出てしまっていました。その1つが、正常な判断ではまずしない「タクシーで帰ること」でした。

　自分では正常な判断ができていると思っていても、いつの間にかできなくなっていることがあります。帰りのタクシーの車内でも「まぁ、仕事頑張っているからこんなご褒美もアリだろう」程度にしか思っていませんでした。

　正常な判断ができなくなるまでの流れはびっくりするほど自然で、気づきませんでした。今でもそうなる可能性は十分にあるので、意識するようにしています。

CHAPTER 7

整理、片付け
ができない

勇者のデスクは今日もこんらん中。
・・・・・
デスクがモンスター化してきたぞ。

▼

なぜ、整理、片付けができないのか

　私＠Ｆ太のデスクはいろんなものが出しっぱなしで、耳栓、お菓子の袋、メガネ拭きなどが散乱しています。つねに整理整頓されたデスクに憧れていろいろな片付け本を読みましたが、残念ながらデスクは未だに散らかったままです。

　こんな私ですが、現在、片付けや整理に対して苦手意識はありません。
　その理由を説明するために、どうしてものは散らかってしまうのか？　まずはその原因について考えてみたいと思います。

　想像してみてください。
　デスクの隅に放置された「前回の会議で配布された資料」。これ、もう必要ない気がするけれど、あとで必要になるかも？　捨てずに保管するなら、引き出しの中かな？　でも引き出しの中はごちゃごちゃだからなあ。まずは引き出しの整理からやらないとな……。

　このあたりであなたは「今、片付けるのはめんどくさいな」と感じるのではないでしょうか。

　「他にやることがあるし、またあとで考えよう。とりあえず、資料はこのままでいいや」
　ものが散らかるのは、まさにこの「あとで考えよう」の積み重ねが原因です。この思考の先送りをせずに、気がついたときにちょっとずつ片付けられれば、散らかることはないはず。

が、しかし。わかっていても、どうしても私は使ったものをすぐに片付けられませんでした。使ったハサミは出しっぱなし。目を通した書類は置きっぱなし。まさに先送りのオンパレードでした。

　そしてついに観念したのです。自分の脳は「使ったらすぐに片付ける」という思考回路には変わらないのだと。

　それからは使ったらすぐ片付けるのをあきらめ、**毎日１回、「片付けタイム」をルーティンワークとして習慣化**することから始めました。
　１日５分、片付けについて考える。
　もしくは１日５個、デスクの上のものを片付ける。
　これでその日のノルマは達成！　ということにしたのです。

　片付けを先送りすること。これにみんな罪悪感を覚えます。
　でも、少しでも片付けに手をつければ、どんなに散らかったデスクも「片付けかけのデスク」になり、少しずつ罪悪感から解放されていくのです。

　このCHAPTERで紹介する仕事術は、まとまった時間を取らなくても、毎日ちょっとずつ実践できるものばかり。少しずつ試しながら、今日からでも「片付けなきゃ……」から解放された「片付けかけ」を楽しんでみてください。

整理、片付けの苦手意識が強い

▼

ものより先に、頭の中を整理する

小学生のとき、学校の机の中から片足だけの靴下が出てくるくらいに、私@小鳥遊は整理整頓が苦手でした。

そんな私ですが、今、会社のデスクの上はきちんと整理されています。大人になってから急に人が変わったのではありません。

その証拠に今でも家の自室は気を抜くと散らかり気味に……。数日前にフタをあけたペットボトルのお茶がまだ放置されています。一体この差は何なのでしょうか。

実は、以前は会社のデスクも散らかり放題でした。それが手順書をつくり始めたあたりから、デスクの上からものが消え始めたのです。

科学的根拠はありませんが「頭の中」と「ものの整理度合い」は連動しているのではないでしょうか。つまり、

頭の中で、仕事の整理ができている
　↓
仕事の環境が、自然と整う

こういった関係性があるのだと思います。

デスクまわりは、頭の中を映す鏡ともいえますね。**「デスクがごちゃごちゃしてきたな」と感じたら、頭の中の整理どき**かもしれません。

　「あぁ、汚い！」と焦って片付けるのではなく、まずは手順書をつくって頭の中の整理から始めてみる。そのほうが案外早く片付くのです。

先に頭の中を整理してみよう

　頭の中を整理すると、「必要なもの、不要なもの」「どこに置くか、しまうか」が見えてくる。

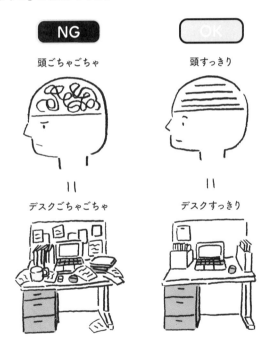

NG　頭ごちゃごちゃ

OK　頭すっきり

‖

デスクごちゃごちゃ

‖

デスクすっきり

----POINT----

頭の中とデスクの上は連動する

片付けようとすると気が重い

自分を焦らす

　焦らされれば焦らされるほど、やりたくなるのが人間の心理ですね。職場の話ではありませんが、私@小鳥遊は、この心理を利用して人並みに整理できるようになりました。

　私の部屋ではこんなものが目につきます。

- この本の原稿を印刷したもの（2か月前のもの。もう見ない）
- 昨日食べたアイスの棒と袋
- よくわからない金具
- 壁のほうを向いて文字盤が見えない置き時計
- ホコリをかぶっている青竹踏み
- ラーメン大盛無料チケット

　これらはすべて「捨てる」「しまう」「向きや位置を変える」ですぐに解決できるものばかりです。だからといって、

　「よし、一気にやってしまおう！」

　というのは、経験上おすすめできません。人間には、一気に頑張ると「あんなにやったんだから、当分やらなくてもいいよね」と考えてしまう傾向があるからです（心理学用語で、モラル・ライセンシングといいます）。

　そこで焦らしの登場です。**あえて、1回につき1つしかやらない。**アイスの棒と袋「だけ」手に取り、ゴミ箱へ捨てる。もっとできると思いますよね？　でも、やりません。すると翌日、も

う少しやりたくなっているのです。こうして「毎日1つだけやる」をくり返した結果、散らかりはじめても、その都度片づけられるように。

職場でも同じように手を動かしてみたら、不思議なことにものが片付いていったのです。相変わらず「片付け」という言葉に抵抗感を抱く私ですが、これで最低限の整理ができるようになりました。

■ 全部片付けなくていい

続きをやりたくなっても、明日までおあずけに。

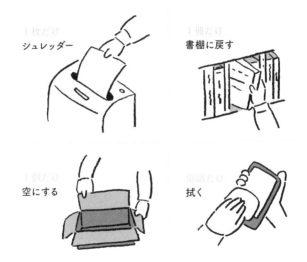

1枚だけ
シュレッダー

1冊だけ
書棚に戻す

1個だけ
空にする

電話だけ
拭く

POINT
「だけ」にこだわってみる

カバンの中がいつもぐちゃぐちゃ

▼

「カバン検査官」になる

カバンの中がいつの間にかカオスになっていること、ありませんか？

何の気なしに入れたレシート、投函し忘れたハガキ、溶けたアメやチョコレートのお菓子などなど。私＠小鳥遊のカバンはつねにパンパンでした。

スマートにものを整理できる人は、なぜかカバンが薄い。

一方、整理整頓が苦手な私は、「なぜ自分のカバンは膨らむのか？」と以前から疑問に思っていました。でも、ひとりでに膨らむカバンなんてないのです。当たり前の話ですが、自分がなんでもかんでも**無意識にものを入れていた**のですね。

今、通勤に使っているカバンはパンパンではありません。

気をつけたのはたった１つ。カバン検査官になることでした。

「本当にこれはカバンに入れるべきか？」

と、カバンの中に入れるための検査をするのです。

買い物のレシートを見つけたら、「家に帰ったら出さなきゃ」と意識する。

ハガキなら、通りかかったポストに入れられるようポケットに移す。

お菓子なら捨てる、もしくは食べる。

もちろん、出し忘れたり、投函し忘れたり、捨て忘れたりすることはあります。

　ここで大事なのは、今自分はカバンの中に何を入れようとしているのかを意識するクセをつけること。「カバンの中にあるべきではない」ものを入れないセンスを磨いていくことです。

■ それ本当にカバンに入れる?

　一瞬でいい。カバンに入れる前に、ものと向き合ってみよう。
　最初は難しくても、だんだんカバンに入れない勇気が出てくる。

NG	OK
なんでもかんでもカバンに入れとけ! がカオスの始まり。	「これ本当に必要?」をくり返すとセンスが磨かれていく。

POINT

カバンは、四次元ポケットではないと心得る

書類やデータの分類が苦手

▼

「その他」を有効活用する

「書類やデータは、しっかりと分類して保管しましょう」

いうのは簡単ですが、真面目な人ほど、ちゃんとやろうとして挫折する傾向にある気がします。

以前、私@小鳥遊は「すべての書類、データが名前のついたフォルダに仕分けされた状態」を目指していました。

しかし、既存のフォルダに当てはまらないものが出てきたときに混乱し、整理するのをあきらめていました。

例えば「アスクル備品発注」フォルダがあり、いつもはアスクルで社内備品を買っていたところ、たまたま Amazon やモノタロウで備品を買ったとします。

Amazon とモノタロウで備品を購入した

↓

いつものように「アスクル備品発注」のフォルダに購入データを入れ……

↓

入れられない！ どうしよう！

↓

小鳥遊はこんらんした！

仮に「Amazon 〜」「モノタロウ〜」という新たなフォルダをつくったとして、その調子では続々と新フォルダが乱立してしまいます。

そんなとき、とくにデータを扱う上で頼りになるのが、**分類できないものを入れる「その他」カテゴリー**です。

「備品発注その他」というフォルダをつくり、Amazonとモノタロウの購入データを入れます。

しかしそれでは「その他」フォルダ内の収集がつかなくなってしまうとお思いかもしれません。

それでよいのです。

むしろ「その他」フォルダは乱雑さを許すために用意するもの。そこから何かを見つけたければ、**フォルダ内検索をかければOK**です。やり方は「フォルダ内検索」でググってみてください。

全部を完璧に分類しようとせず、「その他」フォルダをつくって甘えましょう。そのほうが整理がうまくいきやすくなります。

POINT

「完璧な」分類を目指さない

気づくととっ散らかっている

「しまう・閉じる」をつけ足す

ものが散らかるタイプの人には共通点があります。

「ものを取り出す→使う→しまう (捨てる)」の「しまう」をやっていない。
「ファイルを開く→使う→閉じる」の「閉じる」をやっていない。
つまり**出したらそのまんま**なんですよね。

私@小鳥遊は、パソコンを使っているとき、開いているエクセルや、ブラウザのタブの数がいつの間にかものすごいことになっています。

きっといったん出したものや使ったファイルをしまったり閉じたりせず、すぐ次のことに目移りしてしまう傾向があるのだと思います。

問題は、**「使う」までで仕事が終わったと思い込んでいる**ことです。「ただいまというまでが遠足です」と同じように、「使ったものをしまう」「開いたファイルを閉じる」までが仕事です。

「しまう・閉じる」を意識できるように「(使ったものを) しまう」「(ファイルを) 閉じる」というひと手間を加えてみましょう。
出しっぱなしにすることなく、次の仕事に取りかかることができます。

■ 次の作業に取りかかる前に

メインの作業に「しまう・閉じる」を加えてみよう。
そのひと手間で差がつく。

ネット検索した
＋
タブを閉じる

データ作成した
＋
保存して閉じる

書類を読んだ
＋
捨てる
もしくは PDF 化

会議が終わった
＋
電気を消す
扉を閉める

POINT

ねえ、ちゃんと閉じた？

ものを捨てられない

▼

捨てる判断基準をつくる

ものを捨てられなかった私@小鳥遊は、このような感じでした。

「これ、残そうか捨てようか」
　　↓
何を基準に判断すればいいかわからないので悩む
　　↓
「なんとなく、残したほうがいいような……」
　　↓
捨てることを先送りし、ものは溜まる一方……
　　↓
「はぁ……」

極論、全部捨てられれば何の問題もありません。しかし、そうもいきませんよね。

そこで、基本姿勢は「何とかして捨てられないか」でいきましょう。

そのためには、捨てる／捨てないの**判断基準があるかどうか**が重要です。能力や努力の問題ではありません。

その時々の気分に流されないよう、まずは**自分の判断基準をつくります**。

私の場合はこんな感じです。

① **目の前のもの・データが、現在進行中の仕事に関連するか**

YES → ②へ

NO → 社内共用物ならその置き場へ、そうでなければ捨てる

「いつか使うかも……」と思うものは大概捨てています。経験上、その「いつか」は来ないことが多いです。

② **同じものが社内にあるか**

YES → 捨てる

NO → ③へ

・ 例えば、誰かのためにつくったデータは、送ったら自分のデスクトップやフォルダから速やかに削除します。同じものがメール送信済みフォルダに残っているからです。

③ **それはデータか、あるいはデータ（PDF）化できるものか**

YES → 共有フォルダやクラウド上で保管

NO → ④へ

「これ、保管しておいて」と紙で渡されたら、できるだけスキャンして保管しています。原紙は相手に返すか、「これ、いりますか？」と確認してからシュレッダーにかけます。

④ **社内共用キャビネット等に置けるか**

YES → 社内共用キャビネットで保管

NO → （仕方なく）自分のデスクや引き出しに保管

自分は捨てるかどうかの**判断基準にしたがって動くロボット**に過ぎないのだと考えてみましょう。

POINT

「できれば全部捨てたい」という気持ちで

小鳥遊のしくじり体験記

書類タワー

　整理整頓が苦手です。今でも、会社のデスクにものを置きすぎないように気をつけています。整理しきれずに溜まった書類が積み上がるタワーは、私のトラウマの巣窟といっても過言ではありません。

　積み上がったタワーの中から書類を探すときの、ページをめくるようなあの指の動き。これが過去のつらさを思い起こさせます。これは「小鳥遊さん、あの仕事やってないんじゃない？」といわれ、「いや、そんなはずは……」と書類を探しているときの自分の指の動きなのです。

　「この中から見つかってほしい」「いや、見つかってほしくない」という複雑な気持ちで書類を順々に確認していくと、悲しいかな、やっぱり見つかってしまうのです。期限の過ぎた仕事が。

　書類を探すとき「パブロフの犬」のごとく、この複雑な気持ちが脳裏をよぎります。あれから月日は経っていて、かなり傷は癒えているのですが、毎回ちょっと「ウッ」となりますね。

　複数の高層書類タワーの間にパソコンを置いて、毎日元気に仕事をしている人もいます。「ウッ」とならないメンタルを持っていれば、ある意味問題ないのかもしれません。

　ただ、私はそんな強靭なメンタルを持ち合わせていません。はっきりいって豆腐並みにヤワなメンタルです。「ウッ」とならないよう、今でもできるだけ自分のデスク上には書類タワーをつくらないように気をつけています。

CHAPTER 8

コミュニケーション
が苦手

いちばん怖いモンスターは人間かも。
・・・・・
口下手な勇者は今日も頭を悩ませる。

▼

なぜ、コミュニケーションが苦手なのか

　昔、飲食店でアルバイトをしていたとき、私＠Ｆ太はミスが多く店長や先輩にしょっちゅう怒られていました。怒られるのが怖くて、できるだけ感じよく振る舞おうと必死にキャラをつくっていましたが、ずっとそれが苦痛でした。それでも結局ミスをして怒られるし、損だなあと感じていました。

　一方、別の職場では、いつもつっけんどんな態度なのに「彼はあれで根はいい奴だから」と許されている人がいました。なぜなら、彼は仕事の成績がとてもよかったから。

　以来、私は次のことを認めざるをえませんでした。
　ビジネスの場においては、コミュ力（コミュニケーション能力）よりも、求められている結果を出す能力のほうが重要である。

　それから私は、仕事上の人間関係やコミュニケーションのことで悩み始めたときには
　「これって本当に、自分のコミュニケーションの問題なんだろうか？」
　と考えるようにしています。

　すると少しラクになるのです。例えば、
　「これはコミュ力というよりも、言葉の使い方の問題かもしれない」「これはコミュ力ではなく、段取りの悪さが原因では？」
　と思えるようになるのです。

　コミュ力をイチから鍛えるのはとても大変です。性格を変え

るに等しい難しさがあります。

　それより「今の職場で求められるスキルが足りていない」と
とらえて、仕事のスキルを身につけるほうが、性格を変えるよ
りもよっぽど簡単です。

　また人間関係の悩みは、それが「相手の問題」なのか「自分
の問題」なのか、しっかりと分けて考えることがとても大切です。
これを心理学者のアドラーは「課題の分離」といいました。

　例えば、仕事中に上司に聞きたいことがある。でも怒りっぽ
い上司が怖くて話しかけられない……。それは怒りを乱用する
上司が悪いのです。

　話しかけられないあなたが悪いわけでは、決してありません。

　本来、仕事をする上でそういった理不尽な相手の機嫌を取っ
たりする必要はありません。ときにはより上の上司や窓口に相
談したり、最終的にはその職場を離れるといった勇気ある行動
が必要になります。

　その勇気は、相手と自分の問題をしっかり分離し、自分自身
がやるべきことに集中できたときに発揮できる、と私は思って
います。それがいちばん難しい……とお思いになるかもしれま
せん。はい。私もやっぱりそう思います。我々もそれで本当に
これまで苦労してきました。

　このCHAPTERでは、そんな我々の試行錯誤を踏まえ、ほん
の少しの勇気でコミュニケーションが円滑になる仕事術をご紹
介します。

「いわなくてもわかるだろう」がわからない

わからなくていい

　まず断言します。「いわなくてもわかるだろう」は「わからなくて当然」です。**仕事は具体化してナンボだからです。**

　私@小鳥遊は、抽象的な話を理解するのが苦手です。勝手に変な方向に解釈して話を進めて「そうじゃないんだよ……」といわれたことは数知れず。
　そこで、あいまいなことをいわれたら必ず**「具体的にどういうことか」と質問**することにしています。

　例えば職場でよく使われる「確認」という言葉。
　「メール送ったから"確認"しておいて」といわれるだけで引っかかってしまいます。

　「メール確認してくれた？」
　「はい。読みました」
　「で、どうだった？」
　「どうだった……といいますと？」
　「間違いとかなかったかって聞いているの！」
　「すみません！　そういうことだったんですか!?」

　これは極端な話ですが、自分なら最初の時点で「チェックして返信したほうがいいですか？」と質問します。

　面倒な奴と思われそうでも、具体的な表現に落とし込んでみてください。

結果としてお互いのコミュニケーションの行き違いを防ぐことができます。

■ あいまいな言葉一覧

あいまいな言葉を使うと、トラブルの元になる。できるだけ正しく相手の話を理解できるように、言葉を具体化してみよう。

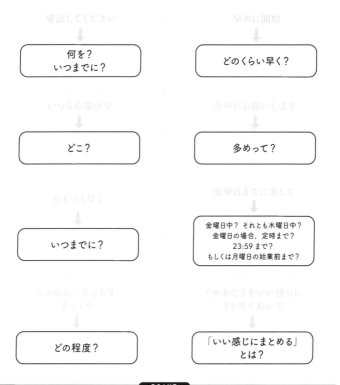

確認してください
↓
何を？
いつまでに？

早めに開始
↓
どのくらい早く？

いつもの場所で
↓
どこ？

多めにお願いします
↓
多めって？

なるべく早く
↓
いつまでに？

金曜日までに出して
↓
金曜日中？ それとも木曜日中？
金曜日の場合、定時まで？
23:59 まで？
もしくは月曜日の始業前まで？

ちゃんと、きっちり、ざっくり
↓
どの程度？

そのあたりをいい感じにまとめておいて
↓
「いい感じにまとめる」とは？

POINT

「具体的にどういうこと？」を意識する

「何をいっているのかわからない」といわれる

しゃべりだしの一言を公式化する

　上司に報告しようとして話し始めると、なぜか上司の顔が険しい。話の途中で「そもそもきみは何をいいたいんだ」と怒られる。

　こんなことをいわれたら、私＠小鳥遊はその日ずっと上司に近づくことすらできなくなってしまいます。

　相手が怒る原因は、いきなり詳細から入るからです。 前置きのない会話は要点をつかむまでに時間がかかり、相手にストレスを与えます。

　職場でのコミュニケーションの多くは**報連相（報告・連絡・相談）**。詳細に入る前の決まり文句として「しゃべりだしの公式」を準備するのがおすすめです。

○○の件について ｛ 報告 / 連絡 / 相談 ｝なのですが

今よろしいですか？

　これを最初に言い添えるだけで、伝わりやすさが全然違います。

　○○のところは「ニャンニャン商事への製品A出荷の件について」「名刺作成の件について」といった具合です。何の件なのかさっぱりわからない状態から入るより、「○○の件」と最初にいったほうが、聞くほうもストレスがありませんよね。

相手にとって報告や連絡は「聞く」のみですが、相談は「聞く」に「判断する」が加わり、相手の負担が違ってきます。

　また、最初に報連相のどれかをはっきりしておくと、途中で話がわかりづらくなっても、上司が補足してくれたりします。

　しゃべりだしの公式は、機械的にできて簡単な上に、コミュニケーションが取りやすくなる優れものです。ぜひお使いください。

しゃべりだしを決めてしまおう

NG例

「そういえば先方にダメっていわれてしまって」
「田中さん、大丈夫だそうです」
「トラブル発生しちゃって、どうしたらいいですか？！」
「なんか〜、今日僕が電話してたら〜、突然営業部長が〜」

OK例

「ニャンコ株式会社の件について、報告です。今大丈夫ですか？」
「ベアーズ企画の件について、連絡です。今よろしいですか？」
「ワンコーポレーションの件について、相談したいのですが、お時間いかがですか？」
「営業部長の急ぎの名刺作成の件について相談です」

POINT
何ごとも始めが肝心

伝えたい内容を整理できない

▼

判決文を参考にするとうまくいく

　絶対に間違って伝わってはいけないコミュニケーションの1つに、裁判の判決のいい渡しがあります。

　「判決をいい渡す。被告には、いろいろあって、大変なこともあって、情状酌量の余地もあるなーとか思ったり思わなかったりして、だから、いったん懲役5年くらいが妥当かなって昨日考えたんだけど……まぁ、その、なんだ……」

　こんな判決のいい渡しでは、全員が困惑しますね。一体有罪なのか無罪なのか。有罪ならどんな刑になるのか。「早くいってよ！」といいたくなりますね。

　判決は主文（結論）と理由に分かれ、基本的に判決は結論から伝えます。
　例えば「主文、被告人を懲役5年に処する。理由、被告は2020年12月22日に〜」などと、最初にわかりやすく結論をいい切り、そのあとに理由を続けます。

　実は仕事でも同じです。
　「**結論からいうと、コストカットの効果はありました。というのも**、先月コピー機の使用枚数は1万枚だったので、割引が適用されて1枚あたりの金額が7円だったところが5円になったからです」
といった具合です。

140ページでご紹介した「しゃべりだしの公式」で話を切り出したら、次はこの「結論からいう」を心がけてみてください。

　口グセのように**「結論からいうと○○です。というのも○○だからです」**をくり返すと、伝えたい内容を意識せずとも「結論」と「理由」に整理できるようになります。そしてより簡単にわかりやすく伝えることができます。

> 結論からいうと

- → 無事、完了しました。
- → 進められることになりました。
- → 先方から許可をいただきました。
- → 先方から断られました。
- → うまく進んでいません。
- → ○○まではできました。
- → 悩んでいます。
- → ○○の相談をさせてください。
- → 2つから選んでいただきたいです。

POINT

「結論からいうと」をログセにする

ネガティブな印象を与えてしまう

「いったん受け入れる言葉」をログセに

真面目に対応しているつもりなのに、相手にネガティブな印象を与えてしまう。そんな経験はありませんか。

例えば、スケジュールがタイトな仕事を「明日までに終わらせてほしい」と頼まれて、「いや、できないですね」とスパッといってしまう。

「うちの部署の成績資料をつくって」といわれて、「いつまでですか？」「成績資料ってどんなものですか？」「データ作成したら、配布するまでやりますか？」と、過剰な質問攻めをしてしまう。

そう思ったから答えただけ。疑問に感じたから質問しただけ。それなのに、「なんだか感じ悪いなあ」「きつい人だなあ」というネガティブな印象を与えてしまう人がいます。

これって、とても損ですよね。

そこで私＠小鳥遊は「そうですね」「いいですね」「はい、わかりました」といった**肯定的な言葉から始める**ようにしています。

> 「昨日話した会社公式
> YouTube 立ち上げの件、
> 今週中にしてくれませんか？」

> 「はい、わかりました。
> 頑張ってみますが、どうして
> も来週頭になってしまうかも
> しれません」

「思いつきだけど、
もっと感情に訴えかける
ような採用をしたいんだ。
何かないかな?」

「いいですね。すぐにいいアイデア
は思いつきませんが、とりあえず
今つき合いのある人材紹介会社の
担当者に聞いてみますね」

　まず肯定から入ります。自分でもよい案がないことを正直に
伝えつつ、とりあえず今現実にやれることを提案します。

　もちろん、明らかにおかしければ反対しますが、「自分はあな
たと対立したいわけではない、話をより前に進めたいのだ」と
いう気持ちを伝えるために、最初に肯定的な言葉を意識的に入
れてみましょう。

肯定言葉で切り返そう

この件は明日までに
お願いします。

➡

✕ 明日は無理だと思います。
○ そうですね。確認事項があるので、
明後日でもいいですか?

どう思いますか?

➡

✕ あまりよいとは思えません。
○ いいですね。ここを変えると
もっとよくなりそうです。

このサービスを
始めることにしました。

➡

✕ なぜでしょうか?
○ はい、わかりました。きっかけを
教えていただけますか?

POINT

「そうですね」「いいですね」「はい、わかりました」

いわれたことを勘違いしてしまう

▼

なるべく「こそあど言葉」を使わない

「これ」「それ」「あれ」「どれ」という指示語を「こそあど言葉」といいます。**こそあど言葉が飛び交うところでは、仕事のミスが起こりやすいもの**です。

例えば「この間いった件なんだけど、あの人に連絡してくれた？」
といわれたとします。違和感はあまりないですね。
しかし、具体的なことは何1ついっていないことにお気づきでしょうか。勘違いして別件について別の人に連絡してしまう可能性も。

「あ、はい。吉田商事の鈴木さんに、来週飲みましょうっていっておきましたー」

「バカモン！ 田中ホームズの高橋さんに、明日の訪問時間を変える件だ！ 今すぐ高橋さんに連絡しろ」

私@小鳥遊は、仕事の情報は手順書へのアウトプットを想定しているので、このようなミスをかなり避けられています。

例えば手帳やツールに「この間いわれた件をあの人に連絡」とは書かないですね。
文字にして記録を残すときは「この間いわれた件って何？」「あの人って誰？」と意識して、**必ずあいまい表現を具体的な表現に変換する**ようにします。

なるべく「これ」「それ」「あれ」「どれ」を使わない。

もしいわれたら具体的な言葉に変換して、相手に確認してみてください。

話の行き違いやトラブル、勘違いが減りますよ。

■ こそあど言葉を変換しよう

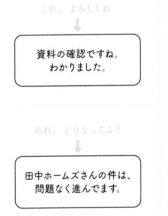

これ、よろしくね
↓

資料の確認ですね。
わかりました。

それ、なくなったよ。
↓

5月2日の会議は
なしですね。

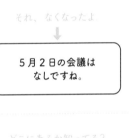

あれ、どうなってる?
↓

田中ホームズさんの件は、
問題なく進んでます。

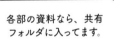

どこにあるか知ってる?
↓

各部の資料なら、共有
フォルダに入ってます。

POINT
あなたの「あれ」と、相手の「あれ」は違うかも

職場での距離感を縮められない

▼

仕事の進捗報告をすると、距離が縮まる

　学生時代や地元の友人などとの距離感とは違うとわかっていても、職場での距離感って難しいですよね。まずは**仕事を確実にこなした上で、笑顔で「ありがとうございます」**がいえれば合格ではないでしょうか。

　ただ、自分を開示すれば周囲から親近感を抱かれ、距離がグッと縮まります。

　部署全体でコーチングのような講座を受けたときのこと。**上司が率先して、私たち部下の前で自分の悩みを開示**しました。自分と同じように悩んだりするんだなと共感し、距離が縮まった感覚がありました。

　しかし、職場で自分の内面を開示するなんて、ちょっとハードル高めですね。

　そこでおすすめなのが**仕事の進捗状況の共有**というプチ自己開示です。

　今どんな仕事にどれくらい取り組んでいるのか。
　どう進めようとしているのか。
　次に何をしようとしているのか。

　こんなことをお互いに知っていくとなぜか一体感が生まれ、楽しくなってくるのです。

　もし、職場の人たちともう少し距離を縮めたいと思ったら、

仕事の状況・進捗を共有してみましょう。他に特別なことをしなくても、それだけで違ってくるはずです。

■ こんなことを共有してみよう

仕事の進捗状況

↓

「今度、ニャンニャン興業の案件を担当することになりました！」

仕事のトラブルの相談

↓

「納期の件で、相談に乗ってほしいです」

トラブルが解決したときの報告

↓

「この間の納期の件、無事解決しました！」

関係者の紹介

↓

「ニャンニャン興業の営業さん、紹介しましょうか？」

POINT

共有されると、人は嬉しいもの

雑談が苦手

▼

雑談はインタビュー方式に切り替える

　仕事上での雑談は、漫然と目的もなく会話を続けなければいけないから苦手だ、と思う人は多いのではないでしょうか。

　実は「雑談」には、相手の好みを察知して臨機応変に適切な話題を選んで提供し続けるという、お笑い芸人にしかできないような超ハイレベルな技術が要求されています。

　目的がなく空虚だから苦手なのではなく、**あまりにも難しいから苦手**だと感じるのではないでしょうか。

　勝ち目のない戦からは潔く撤退するのが吉。

　どうしても雑談しなくてはいけない雰囲気になったら**「教えてもらう」を目的**にしてみましょう。

　私@小鳥遊はよく

　「おすすめのラーメン屋さんはどこですか？」

　と切り出しています（ラーメン屋さんはカレー屋さんでもスイーツの店でもよし）。

　インタビュー方式にすると、次の2点がクリアになり簡単に会話が弾みます。

● 相手が勝手に話したいことをしゃべってくれるので、**話題の選択で悩まない**ようになる。

●「教えていただきありがとうございます」と感謝の念を伝えることで、**相手の承認欲求を満たす**ことができる。

話し上手は聞き上手といいます。

　雑談が苦手だなと感じる人は、「話す」よりも「聞く」「聞き出す」ようにするのをおすすめします。

■ こんなふうに雑談してみよう

> おすすめの
> ランチのお店
> 教えてください

> おすすめの本は
> 何ですか？

> 役に立っている
> アプリありますか？

> 最近おいしかった
> お店はどこですか？

> 今の仕事のどこに
> 魅力を感じますか？

> ジブリ映画で
> 何が好き
> ですか？

> （後日）
> 教えてもらったお店に
> 行ってみました

> この間おっしゃっていた
> 〇〇いかがでしたか？

POINT

最後は、教えてもらって「ありがとう」を

会議後、何をすればいいのかわからなくなる

▼

会議終わりに宿題振り分けタイムを

会議後に会議の内容を確認する打ち合わせ、割とサラリーマンあるあるじゃないでしょうか。

「部長がいっていた『新しい採用のサイト、やるぞ』って、部長が動いてくれるんでしょうかね、飯塚さん？」

「いや加藤くんのほうを見ながらいっていたから、きみがやるんじゃないか？」

「え？ オレですか？ 何やるんですか？」

「多分、当社のホームページにつけ加えるんじゃないかな？」

「いやいや、開発会社さんにやってもらわないと！」

「いやぁ……部長はどう考えているんだろうなぁ？」（続く）

会議は偉い人のご神託を聞くだけの場になっていることが多く、その他の参加者が遠慮して質問すらできないことがあります。結果、ご神託を解釈する不毛な打ち合わせが行われるのです。

私@小鳥遊は、会議終了5〜10分前になったら**「では、そろそろ宿題の確認をしたいのですが」**と切り出して、**「何を」「誰が」「いつまでに」やるかを具体的に決めて、会議後共有**します。

そもそも仕事の目的の前では神も人間もありません。わかりにくければ、ちゅうちょなく確認するのをおすすめします。

POINT

会議の終わりに「何を」「誰が」「いつまでに」を明確に

話しすぎてしまう

▼

「はい」か「いいえ」で答える

　上司からの質問や打ち合わせで、私@小鳥遊は周辺情報まで詳細に説明しがちでした。相手の沈黙に耐え切れずにしゃべりだしてしまい、「ちょっと待って、今考えてるんだから！」と怒られてシュン……としたことは数知れず。

　相手のためを思って話しているつもりなのですが、それを否定されたりムダに終わったりすることがよくあります。しかし、本人はよかれと思っているのでブレーキがききません。

　以前、転職活動をしていたときのこと。
　私は250社落ちました。書類で落ちることもあれば、面接でご縁がなかったときもあります。今考えれば、アピールに必死であれもこれも書かなきゃ！　いわなきゃ！　と躍起になっていたのでしょう。
　あるときから、**面接官の質問に対して「はい」「いいえ」とその理由をワンセンテンスで終わらせる**ようにしました。その途端、連続して3社から内定をもらったのです。

　追加で説明が必要なら、相手が質問してくれます。もっと話したい！　と思っても、グッと我慢です。まずは「はい」か「いいえ」と理由のみで終わらせてみましょう。

POINT

相手が聞いてくるまでは、口を開かない

お願いごとが苦手

▼

先に相手を喜ばせる

　誰からも好かれて、お願いごとが上手で、自然とまわりが助けてくれる。そういう人がどこの職場にも1人はいますよね。

　お願いすることが苦手だった私@F太も、そんな人に憧れて、何とか自分にも真似できることはないかと観察したことがあります。その結果、3つのことがわかりました。

1.「ありがとう」が多い

　彼らは日頃から「ありがとう」が口グセです。「あ、共有棚整理してくれたんですか？ ありがとうございます！」と細かいところによく気づくし、「そういえばこの前、会議でフォローしてもらえて助かりました」と忘れた頃にお礼を伝えていたり。

　なるほど。**「ありがとう」はいわれると嬉しい**。「ありがとう」をいつもより多めにいう。これなら自分にもできそうだと思いました。

2. よくほめる

　「F太さんは本当に文章がうまいですね」とほめられ、すごく嬉しかったのを覚えています。また、彼らは「○○さんって、資料整理が正確ですよね」と、その場にいない人のこともよくほめます。

　なるほど。**ほめられると嬉しい**。ほめる量を増やす。これなら自分にもできそうだと思いました。

　依頼するのが苦手で結局仕事を抱えちゃう

そして「F太さんは文章が得意だから、クレームの文章を一緒に考えてほしい」と頼まれたとき、私にはもはや断る選択肢はありませんでした……。

相手をほめつつ、**「あなただからこそ、お願いしたい」という特別感**。この頼み方はすごすぎる。絶対に真似しようと思いました。

頼みごとが上手な人は、普段から「お礼」や「ほめ」が多い。だからまわりの人は、その人に何か頼まれると「喜んで！」と応えてしまう。

とはいえいきなりほめたり、お礼を伝えたりするのはやはり難しかったので、私はまず「同僚や上司のよいところを観察する」ことから始めました。

これだけでもかなり気持ちよく、仕事ができるようになるのでぜひ試してみてください。

POINT
まずは周囲の人の「よいとこ探し」から

電話対応が苦手

▼

まずはひたすら「聞く」に集中

電話対応に苦手意識を抱く人は、どんな人から、どんな用件でかかってくるかわからない。何の心の準備もできないまま会話を始めなくてはいけない。だから不安が大きいのではないでしょうか。

5年以上コールセンターでひたすら電話を受け続けた経験から、私@F太が見いだした不安の克服法は、あれこれやろうとせず、「聞き取り」だけに集中することでした。

まず、電話対応は大きく2つのステップに分かれます。

① 相手のいいたいことを正確に把握する
② 相手の要求に応える

電話対応で大事なのは、②よりも①です。
相手のいいたいことを、誤解せずしっかり聞き取り、必要事項はメモを取る。これができれば9割の仕事が完了です。最初から相手の要求に100%応えようとするのはNG。話をしっかり聞くことをすっ飛ばしてしまうからです。

そして相手のいいたいことを正確に把握する準備として、必ず以下の情報を質問します。

● 相手の名前（フルネーム）と会社名
● 折り返しの電話番号

● 誰宛の連絡か（フルネーム）

　これを小さなメモ用紙などにまとめて、電話機の近くに貼っておきましょう。

　ここまで聞いておけばもう一安心。何か聞き漏れがあっても、電話をかけ直せばいいのです。この安心を得ることがまずはいちばん大切です。

　あとはゆっくり、相手のいっていることを復唱しながら、用件を把握することに集中しましょう。

　相手の要求に応えるのは、いったん電話を切ってゆっくり考えてからでもいいのです。

POINT

電話することは、話すことじゃない

電話のミスが多い

台本を用意する

　電話対応で起こりがちなミスには、聞き忘れ、聞き間違い、敬語などの言葉遣いの間違いといったものがあります。

　そんなミスを減らすための私@Ｆ太の必須アイテムは、「台本」です。台本は電話がかかってきたらすぐに取り出せるようにします。相手の話を聞きながらメモを取れるメモ用紙、もしくはパソコンの画面も用意しましょう。

　台本の内容は、右の表を参考にしてみてください。

　もし電話対応で**ミスが発生したら、その都度、台本を修正**していきます。うまく話せなかったな……と思ったら台本のセリフをつくり直しましょう。

　セリフは必ず音読し、スムーズに発話できるかチェックしてください。シンプルにビジネストークの練習にもなります。

　ビジネストークでは敬語の使い方が大事とされていますが、苦手意識があっても気にしすぎる必要はありません。社会人生活の中で、必要な言葉遣いは自然に身につきます。指摘されたところから修正していきましょう。

■ 例えばこんな台本

セリフ	注意事項	メモ欄
入電	トークはゆっくり！	
お電話ありがとうございます。 〇〇株式会社〇〇部、担当〇〇が承ります。		
〇〇様、いつもお世話になっております。 〇〇の件ですね。かしこまりました。 すぐに確認いたしますので、お手数ですが記録のために、お名前を今一度、フルネームでお伺いしてもよろしいでしょうか？	必ずフルネーム	お名前
ありがとうございます。 御社のお名前も今一度伺えますでしょうか？	復唱	社名
折り返しのお電話番号は、今表示されている番号でよろしいですか？	末尾4桁を 読み上げる	電話番号
ありがとうございます。 弊社の担当は、〇〇部の〇〇でよろしいでしょうか？	自社の担当は 様をつけない	担当者名
お手数をおかけいたしました。		
それでは、〇〇の件とのことでしたが……		
		用件
他にご用件はございませんでしょうか？		
かしこまりました。 それでは担当〇〇がお伺いいたしました。 失礼いたします。		
	相手が電話を 切ってから切る！	

POINT

台本があるとどんどんトークが磨かれる

クレームの電話にフリーズしてしまう

腹を決めて、相手が落ち着くのを待つ

　電話を取ったら、クレームだった……。突然感情をぶつけられれば、誰だって動揺するのは無理ありません。

　クレーム対応のときは、あれこれ考えずにできるだけシンプルな戦略で臨みましょう。私＠F太の経験上、その戦略とは、**相手が落ち着くまでひたすら話を聞く**。それだけです。

　怒っている相手をすばやく落ち着かせるテクニックは存在しません。まずはいいたいことをいい切ってもらう必要があります。

　たとえ相手の発言が間違っていると感じても、それを指摘する必要はなし。感情のたかぶりが収まってようやく、相手がこちらの話を受け取る準備が少しずつ整っていきます。

　反論と責任逃れだけはしないと覚えておくといいと思います。

　話をさえぎることや、「ですから……」といった表現は、相手の怒りを増幅させます。クレーム対応は相手の感情を抑えるのが先決なので、いいたいことがあってもまずは傾聴に集中しましょう。

　「私は担当ではないので……」のような、責任逃れのように聞こえるいい方は、電話の相手にも、そして社内のメンバーにも印象がよくありません。「まずは状況を確認いたしますので」といい換えます。

クレーム電話には、腹を決めてしっかりつき合う覚悟で臨んだほうが、その真摯な態度を相手は感じ取り、スムーズに話が進むことが多いです。

　クレーム対応は誰だって怖いですし、メンタルがごっそり削られます。しばらくへこんでしまうのも、仕事の効率が落ちるのも当然です。お疲れ様でした。ゆっくりご自身をいたわってあげてくださいね。

■ クレーム対応　会話例

> お手数をおかけして／ご不便をおかけして／
> わざわざご連絡いただくことになり／申し訳ございません。

> 状況をしっかりと確認した上で改めてご連絡いたします。
> 大変恐れ入りますが、しばしお調べするお時間をいただけませんでしょうか。

> 詳細を確認した上でご説明申し上げますので、詳しくお調べするために何点かお伺いさせていただいてもよろしいでしょうか。

POINT

終わらないクレーム電話はない

F太のこじらせ体験記

コンプレックス

　私の仕事術は、学生時代のコンプレックスによるものが多く、心理学に関するそこそこ豊富な知識も、学生時代のこじらせからきています。

　当時、異性とうまく接することができないのがコンプレックスでした。

　ならばやるべきことは「たくさん場数を踏む」ことでした。恥ずかしい思いをするかもしれないけれど、同世代の男女が在籍するサークルなどに飛び込み、恥をかきながら必死にコミュニケーションをはかる。そういった経験をすべきだったのです。

　でも私はなぜか「精神分析を学ぶ」という行為に走りました。自分が他者（というか異性）とうまく接することができないのは、自分に何かトラウマがあるからではないか!?（あってほしい！）と考えてしまったのです。まさに中二病的発想ですよね。

　同世代のみんなが悩みながらもちゃんと人間関係を構築していく中、私はといえば図書館でフロイトやユングの本を読みふけり、いい感じに変な方向にこじらせていき、「本当の自分なんて、誰にも理解されないのさ……」とニヒルな気持ちに酔いしれていました。

　あれから10年以上が経ち、ようやく自分は「人との関わりからただ逃げていただけ」と認められるようになりました。今は昔サボった人間関係のトレーニングの真っ最中です。

CHAPTER 9

メンタル
が弱い

うううっ。
・・・・・
今日も勇者のガラスのハートにヒビが
入った。　　　　　　　　　　　▼

なぜ、メンタルが傷つきやすいのか

　仕事で失敗したり、思ったような成果を出せなかったり、職場の仲間や上司のふとした一言にショックを受けたりして、落ち込んでしまうことがあります。そんなときに、

　「どうして自分はこんなことで、すぐに落ち込んでしまうんだろう……」
　「みんなに迷惑をかけたくない。早く立て直さなきゃ……」

　と考え、焦ってしまう。このCHAPTERでは、そんな優しいあなたに知ってほしい仕事術をまとめました。

　しかし悩む前に、知っておいてほしいことがあります。それは**メンタルが落ちているときは、「早く元に戻ろう」ではなく「十分に休もう」と考える**ということです。

　私＠Ｆ太は、嫌なことがあって心が痛むとき、いつも「これは火傷に似ているなぁ」と思います。火傷は、ズキズキと痛み、そのせいで何にも集中できなくなり、眠れなくなったりします。

　嫌なことがあったときも同じです。心がチクチクと痛み、感情が揺れ動き、目の前の仕事に集中できなくなったり、眠れなくなったりします。

　心の傷も身体の傷も、治すためには清潔な環境と、回復のための栄養、そして何よりも十分な時間が必要です。

いくら気合いを入れても、**心の痛みが治るまでには、時間がかかる。**

　ショックな出来事があったときには、まずこのことを思い出してほしいのです。

　そしてもう1つ、知っておいてほしいことがあります。それは**悩みに大小はない**ということ。人の悩みと、自分の悩みを比べることはできません。

　それなのになぜ、「小さなことで悩んでしまう」のか。それは、あなた自身が「小さなこと」だと思い込んでいるから。

　これまで生きてくる中で、「そんなことでウジウジ悩むな」といわれたり、あるいは誰かがそんなふうにいわれているのを見聞きしてきたりしたからかもしれません。

　でも「小さなこと」と思ってもあなたの心が乱れるのなら、それはあなたにとって、しっかり時間をかける価値のある悩みだということです。

　人間のメンタルはまるで筋肉のように、負荷がかかるとさらにたくましく成長する、と私は思っています。

　「鋼のメンタルにならなければ！」と考える必要はありませんが、落ち込んでいるときには「今はメンタルが成長しているんだ」と、自分を信じてゆっくり回復を待ってあげてください。

なんだか調子がよくない

身体の声に耳を傾けてみる

　体調がよくない。メンタルが落ちている。そんなときの**最良の対策はたっぷり眠る**ことです。

　しかし私@小鳥遊はそれ以前に、**自分が疲れていることを自覚できていません**でした。そのサインはささいな変化であることが多く、根を詰めているときほど気づきにくいからです。私の不調のサインはこんな感じです。

- アイスやジュースが異常においしく感じる、欲しくなる
- 目が充血する
- 人が多い駅での乗り換えを避けて迂回して帰る
- 会話の反応が遅くなる
- 高笑いが増える
- 表情が硬くなる
- 舌の付け根に口内炎ができる

　「アイスおいしいなぁ！」と食べるときは平和そのものですが、私にとっては「もう頑張ってはいけない」という危険信号でした。なぜなら、アイスを食べてホッとした直後に、決まって身体に力が入らなくなり、強烈な眠気が襲ってきたからです。

　日常生活に潜む小さなサインをキャッチできるか。それが体調を回復し、メンタルを整えることにつながります。

POINT
「不調のサイン」リストをつくってみよう

　最近、寝ても疲れが取れないなあ

よかれと思ってやったことが、否定されてしまう

▼

おまけ仕事の意識を持つ

　本来自分がやることじゃないけど、あの人のためにしてあげよう。そう思ってやってあげること自体はよいことですね。でも「あれ？ お礼がないな」とか「私、余計なことしたかな？」とモヤモヤが残ることはありませんか？

　それは無意識に、相手に「見返り」を期待してしまっている証拠。モヤモヤは「やりすぎ」のサインです。そんなときは「自分がやるべきことはこれとこれ。これ以外はおまけ」と考えるとモヤモヤが減ります。

　以前、他部署の人が進める新規事業に関して、その人のために事務手続きを引き受けたことがあります。しかし、お礼をいってもらって当然だとは思いませんでした。自分にとって「おまけ仕事」の自覚があったからです。

　他人の仕事に手を伸ばすのは、残っている時間や優先順位を考えて、まず**自分がやるべきことをちゃんとやれる状態を確保してから**にしてみませんか。だって「おまけ」ですから。

　「おまけ」仕事の認識でいると「ついでにやっておいたよ」程度の気持ちになり**多くの見返りを求めなくなります**。

POINT

「ついでにやる」くらいのテンションで

人づてに注意されるとへこむ

▼

「人づてに注意された」に注目しない

「○○さんがあなたのこと、こういっていたよ」
と人づてに聞いてしまうこと、ありませんか？

それが批判や注意などの場合
「なんで直接指摘してくれないのか」
「他にも何かいわれているんじゃないか」
とネガティブに受け取ってしまいます。

そんなとき私@小鳥遊は、「そう受け取ってしまうのも仕方ないよね」と、**モヤモヤしている自分をいったん肯定する**ようにしています。そして次のように考えています。

①「間接的」にこだわらない

モヤモヤを感じる理由は、「直接いってくれなかった」ことが大きいと思います。そこで「直接的か、間接的か」の視点をいったん外してみてください。
　相手が直接いってこないということは、
　・関係性を壊そうとは、思っていないかもしれない
　・相手にとって、大したことではないのかもしれない
　・まわりの人が話を大きくしたのかもしれない
からです。
　批判や注意は、単に嫉妬の場合もありますし、その人への期待の裏返しかもしれないのです。とにかく「間接的にいわれた」ことにこだわらないでください。

　直接注意してくれたほうがラクなのになあ

2 内容に焦点を合わせる

　指摘されたことに対して、自分の中で「たしかに……」と思えたなら、少しでもいいので対応策を何かやってみてください。

　「やっている」という安心感が生まれ、感情の乱れに対抗できます。

　自分がこれを完全に実践できているかというと、まだまだ修行中……というのが正直なところです。

　もちろん、明らかにただの悪口や事実と異なる場合は、発信者との対話が必要なこともあります。

　ただ、肝に銘じているのは、自分の中に生まれる感情を無理に抑えるのは難しいということ。そして**過去と他人は変えられない。変えられるのは自分**だということです。

■ 間接的に注意されたら

NG　「高橋くん！　遅刻が多いっていわれてたぞ」
↓
「すみません……」

OK　「高橋くん！　遅刻が多いっていわれてたぞ」
↓
「すみません……」

POINT

しょせん、人づてですから

他人が怒られていると気持ちを持っていかれる

▼

スポ根ドラマの放映中だと考える

叱咤激励という言葉があります。

しかし乱暴な言葉遣いや、必要以上に大きな声を発する「叱咤」は、悪い影響を与えます。

職場で誰かが叱咤されていたら、集中力が低下します。自分が怒られているわけでもないのに、気持ちも持っていかれます。

そんな状況に遭遇した場合、**耳栓をするか、その場から立ち去るべき**です。

でも、なかなかそうもいきませんよね。

そんなときは、スポ根ドラマの放映中だと考えてみましょう。

私@小鳥遊はメンタルが豆腐のようにヤワです。

10年以上前の話ですが、私の先輩が部長に怒られるたびに自分も怒られているような気がして、そのたびに気持ちを持っていかれていました。

でも当の先輩はケロッとしているのです。そのたびに、自分も鋼のメンタルを持たなければ、と思ったものです。

しかし、「強いメンタルを鍛えるべき」と考えるのは危険です。

「怒られている人が視界に入る」「怒っている声が耳に入る」

　↓

「気になってしまう」「萎縮する」

あぁ、あの人また怒られてる……

↓
「そんな自分はダメだ」「強くあらねば」

と考えてしまうと**際限ない自己否定のループ**に入ってしまい、うつ一直線になりかねません。

豆腐メンタルを肯定しましょう。

今どき叱咤はパワハラ以外の何ものでもありません。叱咤するほうが間違っているのです。「この役者さんは一段と演技に熱が入っているなぁ」と傍観するくらいがちょうどいいですよ。

■ 怒られている人がいたら

スポ根ドラマが始まったんだなくらいの意識でいるといい。
できるだけ自分とは切り離しておこう。

今回は
やけに熱演
だなあ

POINT
その場をできるだけ客観視する

人前で怒られると、プライドが傷つく

そのプライドは大切に

「とても恥ずかしい。でも実際に迷惑をかけているし……」と、人前で怒られることを受け入れていませんか。そこで覚えておいてほしいのは、そもそも人前で怒ること自体が間違っているということです。**自分のプライドは守ってよいのだ**と考えてください。人前で怒ってしまう人の心情は2パターンあると私@小鳥遊は考えています。

① 「本人のためを思って」という正義感が、人目をはばかることを忘れさせてしまう
② 他の人への見せしめ。その場や集団をコントロールしたいという潜在意識

どちらの場合も、まずは次の「謝罪と対策のセット」で乗り切るのがおすすめです。相手が強い口調だとしても、あくまで淡々と伝えるのがポイントです。

● まず謝る
「申し訳ありませんでした」
● 今後の対策を伝える
「今後は○○といった準備をしておきます」

同じミスをくり返して怒られた場合などは、
「以前から注意を受けていたにもかかわらず、申し訳ありません」
「突発的なトラブルが重なり、助言してもらったことを意識する余裕がありませんでした。申し訳ありません」

とプラスしてもよいです。「少しいいすぎたかな」と相手の気持ちが変化するかもしれません。

　しかしこれは人前で怒ることを正当化するものではありません。

　そもそも**改善点は個別に伝えれば十分**であり、とくに見せしめのために人前で怒る○は論外だと思います。可能であれば、その旨を毅然とした態度で伝えるか、さらに上の上司に相談するなど、然るべき対処を。そういったカードを自分はつねに持っていることを、ぜひ心に留めておいてください。

人前で怒られても

　人前で怒られて、恥ずかしかったり、プライドが傷ついたりすることは当たり前のこと。あなたの心が弱いからではない。

公開処刑
されてる
みたいだ……

怒られている人を見聞きするまわりの人も、居心地が悪くつらい気持ちになる。相手のことを思っていたとしても、人前で怒ることのメリットは少ない。

POINT
ひどければ第三者へ相談

思うような結果が出なくてつらい

▼

自分をほめる練習を

会社に勤めていると必ずついて回る仕事の評価。

「ちゃんとやっているのか？」と値踏みされることに居心地の悪さを感じてしまうのは、私@小鳥遊だけでしょうか。

会社が設定した目標に、いくら頑張っても到達できない。落ち込んでしまいますね。評価されるよう自分なりに頑張っているとしても。

残念ながら努力量と結果は必ずしも一致しません。こんなとき、給料や役職といった会社の価値観から抜け出して、**自分を評価する基準を自分でつくれる**と、気持ちの落ち込みを極力抑えられます。

そもそも、**自分が頑張れたのならそれでよし**なのです。それで達成できない目標は、まだ身の丈に合っていないのだとあきらめるのはどうでしょう。

あきらめるため、「やり切った」と自信を持てるよう、自分をほめるのがおすすめです。

ただし、**自分をほめるのは案外難しく、練習が必要です**。頑張った・努力した行動を口に出したり書き出したりしてアウトプットしてください。

「いつもより笑顔で挨拶できた」
「上司の質問にあわてずに答えられた」

など、小さなことでOK。

　書き出して自分をほめまくるのです。可視化して、ほめ記録を溜めていくとなおよしです。

　「いい車を買いたい」「都心のタワーマンションに住みたい」といった夢はすぐには叶えられませんが、自分をほめられるようになると、少なくとも会社の価値基準から離れて、等身大の自分を認められるようになります。

　その結果、毎日を落ち着いて過ごせるようになりますよ。

自分をほめてみよう

　小さなことでいい。マル印を1つでも多く自分につけてみよう。自分をほめるなんて難しいと感じたら、他人と比較してではなく、過去の自分と比較してできるようになったことに注目してみるといい。

・今日は遅刻せずに出社できた
・昨日よりも1件多く営業できた
・電話対応に慣れてきた
・苦手な人と笑顔で話せた
・ずっとできなかったメールの返信ができた

POINT

大丈夫。ほめるところは必ず見つかる

理不尽な扱いを受けた

▼

「状況がそうさせた」と考える

JR東日本の名コピー「ぜんぶ雪のせいだ。」には、組織で仕事を進めていく上で大事な考え方が含まれていると思っています。

例えば会社で理不尽な扱いを受けたとき、その人がそうせざるをえない状況だったと考える。きれいごとに聞こえるかもしれませんが、この考え方、私@小鳥遊は好きです。

以前、まったく経験のない職種の部署へ異動になったことがありました。一般的な基準でいえば「飛ばされた」という表現がぴったりくる異動でした。

「上司が意図的に飛ばしたに違いない！」とネガティブな感情を沸き立たせても、結局は**自分の感情が乱されて終わるだけ**。意図的かどうか**真実を知ったところで誰にもメリットはないの**です。会社の上層部からの圧力がかかって、板挟みでつらかったかもしれません。

上司は悪くない。「ぜんぶ雪のせいだ。」の精神です。

こと仕事においては「大人の事情」はあるもの。その人を取り巻く環境や仕組みがそうさせたのだと考えれば、真実はどうであれ、自分の気持ちを安定させやすくなります。

POINT

「ぜんぶ雪のせいだ。」精神を見習う

きついいい方にメンタルを消耗する

▼

距離を置きつつ、にこやかに

　相手のいい方がきつくてメンタルが削られることってありませんか？　正論だとしても、きつい口調でいわれると焦ってしまいますよね。

　私@小鳥遊は、いい返せないだけに余計、気持ちがダウンしてしまいます。

　そんなとき、**以後なるべく接しないことと、つとめてにこやかに対応すること**をおすすめします。

　大事なのは、相手の好印象になる態度を示しながらも、その懐（ふところ）に入ることはしない点です。**当の本人には、そこまでひどいことをしている自覚がないので**、いつかまたグサッとやられるからです。

　この方法は、あくまでも相手に対する苦手意識を軽くするのが目的です。

　できるだけ距離を取りながらも、共通する話題を見つけて、ちょっとした会話をする。少しずつ相手の違う面を引き出すことができ、相手に対する印象も少しずつ変化するかもしれません。

　ただ、明らかにハラスメントなら、自分だけでどうにかしようと思わず、会社に報告してしかるべき措置を求めましょう。

POINT

あくまで苦手意識を軽くする目的で

自分だけ蚊帳の外にされた

蚊帳の外で「居場所」を見つける

自分だけ蚊帳（か や）の外。

私＠小鳥遊にも、ちょっと思い当たることがあります。

私は、今まで2回休職しています。

いずれも仕事がうまくできないと自分を追い込んで会社に行けなくなったという経緯でした。

その休職明け、元々所属していた部署とは別の部署に復帰したときのこと。元の部署の一部の人が**「目を合わせない」「挨拶も返さない」**ということがありました。

しかし、勝手に休職して周囲に迷惑をかけたのは自分。ある意味、自業自得だということは理解していました。

とはいえ、さすがに落ち込みました。

それでも仕事を続けられていたのは、当時、他に2つの**居場所**があったからです。

1つは、復職後に配属された部署。

休職明け復帰後は、とにかく不安なのです。ただでさえ会社に迷惑をかけたと思っているので、復職してからもビクビクしていました。そんな私に、部署長をはじめとしてメンバー全員がとても優しく接してくれました。

もう1つは、趣味でやっていた**社会人オーケストラ**。

そこでの私は「○○会社の小鳥遊さん」ではなく「クラリネットの小鳥遊さん」であって、役職も老若男女も関係ないのです。

伸び伸びと活動できました。

別の居場所があると、蚊帳の中が気にならなくなります。

「最近なんとなく話の輪に入れていない気がする……」と、ゆるい蚊帳の外感を味わっている人にも効くのでおすすめです。

■ サードプレイスのすすめ

会社、家庭の他に、サードプレイス（第三の居場所）をつくってみよう。「僕には他に仲間がいる」「私には居場所がある」と思えるのは大切なこと。

会社

趣味のサークル、
習い事、地元の友人、
SNS のつながりなど、
自分の居心地がよければ
何でも OK。

家庭

サード
プレイス

> **POINT**
> 居場所がないなら、つくればいい

怒られたくない

▼

「怒らない」交換条件を提案してみる

「怒らないでください」

私＠小鳥遊が今の会社の社長面接でいった言葉です。私は怒られると思考が停止してしまいます。怒られない状況でいられるかどうかは、死活問題なのです。

私は「発達障害」という特徴があり、注意欠如・多動症（ADHD）と診断されています。
とくに注意欠如の傾向が大きいので仕事での失敗が多く、**ミスすることに関して過剰反応**するようになってしまいました。

今の会社は、障害者雇用での採用でした。
障害者雇用は、会社側に「合理的配慮義務」があります。障害からくる困難を取り除いて、障害者本人が働きやすい環境にしなければいけないというものです。

面接での「怒らないでください」は、社長からの「会社として配慮することはありますか？」に対する答え。

そしてこう続けました。
「その代わり、仕事はきちんとやります。直すべきことがあれば、提案という形で伝えてもらえるとありがたいです」。

数年経った今でも、その約束は守ってくれています。**配慮を求める代わりに、自分ができることを提案する**と相手も受け入れ

やすいものです。

手順書を活用してきちんと仕事することと引き換えに、欲しくてたまらなかった「怒られない環境」は、こうして手に入れることができました。

■ 要望と提案をセットに

自分と相手が納得のいく条件を提案してみよう。

要望　もう少し業務量を少なくしていただけると助かります。
提案　ミスの手戻りを減らしたいんです。

要望　注意するときは別室に呼び出してください。
提案　今後に活かすために、集中して聞きたいんです。

要望　まだ自分はスキル不足のようなので、注意を1つずつ
　　　ゆっくりメモさせていただけますか。
提案　それぞれに改善策を立てて実行します。

要望　作業を1つずつ教えていただけますか。
提案　メモを取って自分でできるようにしたいんです。

要望　引きずってしまうので、強めの口調は控えていただけ
　　　ませんか。
提案　落ち着いて話を聞きたいので……。

POINT

自分にも会社にもメリットを

トラブルが起きるとテンパる

呪文「しびれるなぁ！」で状態異常を回復

　仕事上で問題が起きたら、「しびれるなぁ！」と口に出してみてください。

　少しばかりですがどうでもよくなります。そんな無責任な！とお思いですか。いえいえ、そのくらいの感じがよいのです。

　逆に、自分1人の胸のうちに秘めてしまうとよくないことが起こります。

　問題はチームや部署で共有されず、何より胸のうちのモヤモヤから自分で勝手に悪い想像を膨らませてしまい気が滅入ってしまいます。

　手をつけたくなくなり、そしていつしか爆発を待つだけの時限爆弾になってしまうのです。

　この「しびれるなぁ！」というセリフ、以前の職場の上司の口グセでした。

　ひょうひょうとしたキャラクターで、何か部下が仕事上のトラブルを持ってくると「ほっほ〜」とひと笑い。部下の相談が想定外に深刻だと、「いや〜、こりゃしびれるね！」と爆笑するのです。

　この姿勢とセリフは見事に私@小鳥遊へ伝染。

　テンパりやすい私が、**問題と自分との間に距離を置き、いったん冷静になって考える**ことができるようになりました。

「しびれるなぁ！」は、状態異常を回復させる呪文のようなものです。

　たかなし　は　しびれるなぁ！　をとなえた！

　たかなし　は　おちついた！

　この「しびれるなぁ！」という呪文を一緒に唱えてくれる仲間を身近につくってみてください。より一層冷静に対処できるようになり、さらに「いっているうちに楽しくなってくる」のです。

■ 呪文「しびれるなぁ！」活用例

トラブルが発生したら、実際に口に出したり、心の中でつぶやいたりしてみよう。

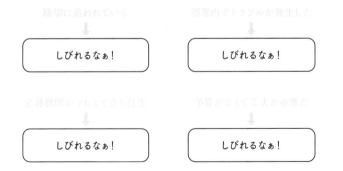

締切に追われている
↓
しびれるなぁ！

部署内でトラブルが発生した
↓
しびれるなぁ！

交通機関がマヒして立ち往生
↓
しびれるなぁ！

予算がなくて工夫が必要だ
↓
しびれるなぁ！

POINT
トラブルにも、ちょっとだけユーモアを

いつも仕事が心配で気が休まらない

▼

手順書をつくって、会社に置いて帰る

一般的な会社は原則として8時間勤務ですが、私@小鳥遊にとっては8時間どころかほぼ24時間勤務でした。

会社を出たあとも頭の中は仕事の不安でいっぱい。退社後の時間を翌日の出社までのカウントダウンのように感じていたからです。

ひどいときはそういった不安が大きくなりすぎて、早朝に起きてしまい、出社までビクビクしっぱなし。仕事が続けられる精神状態ではなくなってしまいました。

「今やっている仕事がきちんと終わるだろうか」

「やり忘れている仕事がないだろうか」

こんなふうに**不確定なまま仕事を持ち帰ると不安から解放されません**。

そこでまずやるべきなのが手順書の作成です。とくに、

STEP1 やるべきタスクを書き出しておくこと

STEP2 手順を明確にしておくこと

の2つが重要です。

CHAPTER 1でお話しした手順書をつくると仕事量の全体像がイメージでき、見通しが立ちます。その結果、安心感が高まるのです。

そしてその手順書を会社に置いていくことで、「仕事から解放」

されます。それでも不安は完全には消えませんが、頭の中はほぼスッカラカンにすることができます。

　中高生のときの、定期試験最終日、最後の科目が終わった瞬間を思い出してください。

「もう試験範囲を覚えておく必要はない！」
「今日から部活を目いっぱいできる！」
「帰りは友だちと遊んで帰ろう！」

　という解放感。

　すべてを手順書に書き出したスッカラカン状態は、この感覚に近いです。この解放感、私はほぼ毎日味わいながら帰宅の途についています。

■ 開放感を味わいながら帰ろう

今日やるべきことを終わらせて、
明日やるべきことがすでにわかっている。
この状態が不安を取り除いてくれる。

POINT
手順書に書き出して頭をスッカラカンに

他人にどう思われているか気になる

▼

仕事を終わらせることに集中しよう

　私@小鳥遊もそうですが、人目を気にするタイプはなにかと気苦労が多いです。

　上司がただ黙っているだけなのに
「何か怒らせるようなことをしたかな？」

　挨拶のときに目線が合わなかっただけで
「嫌われることしたかな？」

　同僚から「ダメな奴だなぁ（笑）」と軽口をいわれて
「そんなふうに見ていたのか……」

　自分で勝手に思い込み、落ち込んでしまうのです。

　そんな私でも、ある程度相手の顔色をうかがうことなく行動できるようになりました。

　例えば、別件で迷惑をかけたばかりで、ご機嫌斜めの上司に、予算取りの申請書を事務局に提出するため、至急ハンコをもらわないといけない場合。
「迷惑をかけたばかりで話しかけづらいなぁ」と、つい後回しにしがちです。
　しかし、上司のハンコがないことには仕事は終わらないのです。

こういうときこそ、仕事を終わらせることに集中します。

　「これ以上怒られたくない」とか「嫌われたくない」などと気にするより、**仕事を終わらせることにフォーカス**します。

　いくら上司が眉をしかめていても、申請しなくていい理由にはなりません。

　今、自分がやるべきことは、

・上司のご機嫌取りではなく、予算取りの申請書を提出すること。

・上司のハンコをもらい申請書を提出して、とにかく仕事を終わらせること。

　この考え方ができるようになると、「仕事を終わらせる＝結果」がついてきます。

　結果を積み重ねると自信も湧いてきます。ますます、**いい意味で人目を気にしないようになれる**のです。

　ここで大事なのは、「自信が持てるパーフェクトな自分に変身するのは無理」と認めること。「仕事を終わらせることに集中する」と考えるところから徐々に自信が湧く「仕組み」を活用していきましょう。

POINT

自分はそのままなのに、いつの間にか、気にならなくなる

F太のこじらせ体験記

ミステリアス

　思春期のあたりから、異性に対して緊張するようになりました。うまく会話ができず、恋人ができないことがずっとコンプレックス。恋人不在であることがバレるのが恥ずかしくて「ところでお前、彼女いるの?」と質問されることが怖くて仕方ありませんでした。

　その質問をかわすため、私は「複数の居場所をつくる」という手法を開発しました。

　大学やバイトなど複数の居場所をつくり、大学では「バイト先でよろしくやってる自分」を演出し、バイト先では「大学でよろしくやってる自分」を演出したのです。そうすれば「あいつはプライベートのことをあまり話さないミステリアスな雰囲気がある。きっと他のところに恋人とか友だちがいるんだろう」と思わせられる!　と考えたわけです。

　この作戦は一部うまくいき、人間関係について質問をする人はいなくなりました。

　ただ、これには1つ誤算がありました。

　それは、そんな距離感をつくるような奴に、そもそも興味を抱く人間なんていない、ということです。結局まわりから距離を置くことで、恋人どころか、友人すら増えない青春を送ったのでした……。

　ちなみにこの「複数の居場所をつくる」スキルは、人間関係で適度な距離を保ち、1か所の人間関係に依存せずに済むため、仕事では役に立っています。青春と引き換えに手に入ったものもあるよ……と、自分に言い聞かせています。

メモ、メール
が苦手

自分で書いたメモなのに
・・・・・
意味不明すぎて勇者は立ちすくんでいる。

▼

なぜ、メモ、メールが苦手なのか

　巷にはメモやメールの対策本があふれていますから、高度な
テクニックはそちらにおまかせして、この本ではメールやメモ
に対する苦手意識を払拭するために押さえてほしい知識を解説
していきます。

　私＠Ｆ太は10年以上、Twitterで140文字の情報発信を続け
てきました。どうやらそのおかげで、短い文章の中で「いいた
いことを伝える」技術と、「気持ちを伝える」技術を鍛えられた
ような気がします。

　メモの役割は「いいたいことを伝える」です。メモですから
伝える相手は未来の自分。しかし自分自身が相手だからといっ
て、油断してはいけません。
　自分で書いたメモなのに、書いてある意味がわからなくなっ
たり、肝心なことをメモし忘れてしまったり……。これは、**自
分の記憶力を過信していることが原因です。**

　メモを取っている最中は、聞き間違えてはいけない固有名詞
と数字（電話番号や金額、日付）を最優先に書き留めます。そ
れ以外はなんとなく頭に残った単語だけ書き留められれば十分
です。

　メモはそのあとが大切です。**速やかに見返し、記憶がなくな
らないうちにアウトプットします。**
　メモは、①まず書けるだけ書く　②忘れないうちに見返して、
追記、整理する。この２段構えを意識し、とくに②を徹底する

とかなり上達します。

　一方メールは「いいたいことを伝える」技術はもちろん必要ですが、相手が自分ではなく他人なので「気持ちを伝える」技術も必要になります。

　例えば「○月○日までに結論を出してほしいと伝える」のが前者の技術で、「タイトなスケジュールで申し訳ない気持ちを伝える」のが後者ですね。

　メールが苦手な人は、この２つの技術がごちゃごちゃになっていることが多いです。
　まず「いいたいことを伝える」技術をしっかり身につけるのがおすすめです。

　「気持ちを伝える」技術は習得に時間がかかります。クレーム対応の仕事をしていた経験からいっても、文章で相手の気持ちを思いやりつつ、しっかり伝えるべきことを伝えるのは、はっきりいって難易度が高いです。

　本来メールは、必要な情報を正確かつ迅速にやりとりするのが目的です。いいにくいことを伝えなければいけないときや、相手が怒っている場合など、「気持ちを伝える」ことが重要な場面では、むしろメールを使わずに直接対面で話をする、といった戦略にチェンジしたほうがいいかもしれません。

　このCHAPTERではしっかり伝わるメモ、メールのコツをご紹介します。

メモの取り方がわからない

▼

メモのテンプレートを用意する

　メモを取る代表的なシーンが電話対応時です。あわててしまう人は、テンプレートを用意しておくのがおすすめです。

　私@小鳥遊はこんなテンプレを用意しています。

- ○月○日
- ○○様（社外）から
- ○○さん（社内）へ
- ① 電話があったことを伝えてください
  ② 折り返しお願いします
  ③ メールを確認してください
  ④ 伝言をお伝えします
- （あれば）伝言内容
- ○○時○○分

　○○に必要最低限のキーワードを埋め、①〜④にマルをつけるだけでほぼ済みます。気を利かせてプラスアルファの内容を入れる必要はありません。受け取るほうも見やすいです。

　電話対応時に限らず、頻繁に発生するメモは書く項目を決めておくとよいです。

　例えば**仕事を頼まれたときのメモ**。私の場合はこんな具合です。

- 発生日（いつ受けた？）
- 目的（何をするの？）

- 依頼主（　から？）
- 締切日（　　まで？）

　きちんとしたフォーマットの用意は不要です。紙切れにこの4つのワードを走り書きするだけで十分です。

　逆に、全部の情報を残したり、4つの項目以外のことを臨機応変に書こうとすると、大事な情報を落としたり読み返すのがいやになってメモを活かせないことも。

　メモは**書く項目をあらかじめ絞り、その他の情報は捨てる**くらいのつもりで取ってみましょう。

メモすることを決めておくと
迷いがなくなって
話に集中できるようになる。

POINT

全部メモすることはあきらめる

自分のメモが意味不明

▼

意味がわかる間に、しかるべき場所に転記

あとから読み返したら、自分で書いたはずのメモの意味がよくわからない。そんなあなたにおすすめの方法があります。

① ノートやデジタルのメモ帳を用意
② すぐに書ける場所に置いておく
③ メモしたら、すぐにしかるべきところに転記

レイアウトが整っていなくても、字が汚くても、漢字を間違えていても大丈夫。**走り書きレベルで全然かまいません。**

しかるべきところとは、そのメモの情報が行き着く先です。例えばこんな感じです。

- メールを書くためのメモ → メール本文へ転記
- 書類作成のためのメモ　 → スキャンして書類作成のフォルダへ入れる
- 日程調整のメモ　　　　 → カレンダーへ入力

たとえ自分で書いたメモであっても、時間が空いてしまうと意味不明になると考えてください。サササッと必要な単語などを書いたら、その鮮度が落ちないよう、いかに早くメールや書類に落とし込めるかが大事。

メモを書く先は仮置き場であって、長期間保管に耐えうる倉庫ではありません。

私@小鳥遊は、メモ帳をパソコンのキーボードと自分の間に置いています。メモしたら、できるだけ早くメールに転記するか、PDFにスキャンして案件別のフォルダに入れるなどして、メモ帳だけに情報がある状況をなくします。

　メモが意味不明になるのは自分のスキル不足ではありません。やり方を工夫するだけで、メモを十分に活かすことができるようになります。

■ 早めに転記したほうがよいもの

数字	日付、時間、金額、人数、個数など
場所	集合場所、開催場所など
会議の議事録	会議で決まったこと、役割分担など
参考になりそうな言葉、印象に残った言葉	その発言の背景なども残すと、記憶として定着する
アイデア	とくに小さなひらめきは、すぐに意味不明になってしまう

POINT

メモは鮮度が命

メモが追いつかない

▼

「結論」「理由」「事例」を、遠慮せず聞き直す

　早口で話す人の発言をメモするのは難しいですよね。速記術を身につけていれば別ですが、そんな人は多くないはず。

　仕事上のコミュニケーションでは、**話し手には理解しやすく話す責任**があり、**聞き手には理解できるように聞く責任**があります。お互い対等な立場にあると思ってください。

　例えば、話し手が勤続20年のベテランで、聞き手が新人の場合。難しい話でもわかるように話す責任が、話し手（ベテラン）に発生します。その一方で、聞き手である新人は「わからないから、わかるように話してほしい」と話し手に伝える責任が発生するのです。

　伝えないと、「理解できない話をしている」ことに話し手は気づけません。

　とはいえメモを取りながら「わからない」と伝えるのが難しいというお気持ち、よくわかります。そこで私@小鳥遊は「型に落とし込む質問」を使っています。

　その型とは、次の3つです。

● 結論
● 理由
● 事例

　もっとゆっくり話してくれたらメモできるのに

メモを書くのが追いつかないときは、
「すみませんが**結論**をもう1回お伺いしてもいいですか」
「その**理由**をもう一度教えてくださいますか」
「**例えば**どんなことが考えられますか」
と聞き直します。

相手が面倒くさがるのでは……と抵抗があるかもしれません。
しかし、相手には理解しやすく話す責任があると考えて、私は遠慮せず聞けるようになりました。

ここで1つ、聞き直すときに大事なことを。
伝えてくれたことに対する相手への敬意と感謝をこめて、**最後に「ありがとうございます」とつけ加えてみましょう。**
お互い気持ちよく終えることができますよ。

スピードが早くてどうしても追いつかないときは
「もう少しゆっくり話していただけますか?」と
伝えてみよう。

POINT

相手にも伝える責任がある

気持ちが焦ってさらにメモに集中できなくなる

電話をしながらのメモがきつい

▼

「恐れ入りますが」の呪文を習得しよう

私@小鳥遊は、電話対応とそのメモ取りが苦手でした。電話口で一気にまくしたてられると「相手の話を聞く」「メモを取る」の2つを同時にできず、とても苦労しました。

私の所属する管理部門の代表番号には、いろいろな電話がかかってきます。

「弊社の商品をご検討いただけませんか？」
「担当者がわからないから代表番号にかけました」
「社長にすぐに取り次いでくれ！」

予想できない電話の数々が苦手意識に拍車をかけていました。

そこで感じたのは、次の2つができていれば、ある程度落ち着いてメモが取れるということでした。

① 聞き返すことをちゅうちょしない
② わからないときはいったん保留か、折り返しにして周囲に聞く

そして、この2つができるようになる呪文を見つけました。

それは**「恐れ入りますが」**です。

「恐れ入りますが、もう一度御社名をお伺いしてもよろしいでしょうか」

「恐れ入りますが、確認いたしますので、少々お待ちください」

「恐れ入りますが」は**話の流れをいったんストップ**させる効果を持つ呪文なのです。

「どうにかしていったん話の流れをストップさせたい」と思っても、**きっかけとなるいい出しの言葉が出てこなかった**ことが、電話対応中に焦って思考停止してしまう原因でした。
　電話中に「恐れ入りますが」をいえるようになってからは、落ち着いて対応でき、電話対応とメモ取りへの苦手意識はかなり減りました。ぜひ使ってみてください。

恐れ入りますが

もう一度、お名前を教えていただけますか？

もう一度、御社名を教えていただけますか？

担当者名をお聞かせください。

メモの準備をいたします。少々お待ちください。

お声が遠いようです。受話器を近づけていただけますか？

もう少しゆっくりお願いできますか？

折り返しの電話をお願いできますか？

伝言をお願いします。

POINT

呪文を唱えて、会話の流れをコントロール

なかなかメールを送れない

▼

「書く」「編集する」「送信する」に分ける

　メールをなかなか送れないときってありますよね。ミスの訂正やお詫びのメール。日頃から怖い上司へのお伺いメール。

　「やるしかないんだから、さっさと覚悟を決めて送ろう！」と思うものの、手が止まりがちです。

　そういうときはメールを送るという行為を、①書く　②編集する　③送信する　の3つの手順に分けてみましょう。ハードルがぐっと下がります。

⑴ 書く

　まずはメールを書き始めてみましょう。**「送る」のではありません。「書く」のです。**

　メールを送るという目的はとりあえず置いておいて、自分の気持ち・考えを整理するために書くのだといい聞かせます。順番はこんな感じです。

- 冒頭の挨拶を書く
- 最後の締めの文章を書く
- 伝えるべき内容を簡単に箇条書き
- 下書きフォルダに保存

　ここで大事なのは、「送らなきゃ」というプレッシャーから自分を解放することです。

⑵ 編集する

　次に編集作業です。まだ送りません。文の体裁を整えるためだからと自分にいい聞かせて、書いた文章に目を通します。

順番はこんな感じです。

- 箇条書きを文章にする
- わかりにくいところを修正する
- てにをはを修正する

うまく書けなかったら、また下書きフォルダに保存すればいいや！ くらいの気持ちでいるとラクになります。

送信する

いよいよ送信です。もう目の前には文章がほぼ完成しています。「あとは送信ボタンを押すだけ」という気持ちで最終チェックです。順番はこんな感じです。

- 宛先のメールアドレスをチェック
- 先方の社名、氏名をチェック
- 添付データをチェック

「ここまできたら、送っちゃおう」という気持ちになりませんか？
　着手したらその勢いで終わらせたくなる心理（作業興奮といいます）を利用して、送信ボタンを押しちゃいましょう。

　最初から「送らなきゃ！」と強く意識すると、相手の怒っている顔や態度が頭から離れず、つい逃げたくなります。しかし、作業を分けて、それぞれ別の目的を設定すれば、ハードルの高いメールも「とりあえず」の連続で進めることができます。その結果、メールを送ることができますよ。

POINT

メールを「書く」と「送る」は別もの

メールの意味がわからないといわれる

▼

とりあえず箇条書きにしてみる

わかりやすいビジネスメールの書き方として、箇条書きを強くおすすめします。

私@小鳥遊はつねに「箇条書きにできないか」と機会をうかがっています。

例えば、
「A商会、B商店、C商事のうちB商店から材料を仕入れたい」
という相談をメールする場合。

● **通常の文章**

材料の件です。A商会は1つあたり12,000円で、B商店は単価15,000円ですが当社の亀井さんの口利きで9,000円まで下げられるそうです。ただ、その場合は毎回100個以上買う必要があります。なお、C商事は当初10,000円でしたが、減額交渉して9,500円となりました。今までの実績を調べてみたところ、1回の発注で100個を下回ったことはありません。これらを総合的に考えると、B商店から仕入れるのがよいという結論になりましたが、いかがでしょうか?

ん〜〜〜。なんだか眠くなりますね。
次にまったく同じ内容を箇条書きにした文章です。

● **箇条書き**

材料の件です。以下①～③の単価比較により②にしたいのですが、いかがでしょうか。

① A商会　12,000円
② B商店　9,000円（元値15,000円）
　※1回あたり100個以上発注の場合。毎回100個以上発注実績あり
③ C商事　9,500円（元値10,000円）

　一目瞭然ではありませんか？　箇条書きは相手に伝わりやすくなるだけでなく、**書いているうちに自分の頭の中も整理されます**。

　相手も自分にもよいことづくめな箇条書き、おすすめです。

ちょっとの工夫で
こんなふうにいわれたら
うれしい。

とってもわかりやすい
メールだね！

POINT
箇条書きにすると自分の理解も深まる

メールの返信をもらえない

▼

「ビーフ or チキン?」を参考に

メールを送ってもなかなか返事が来ない。そんなことはありませんか? 実は書き方次第で、メールの返信率は上がります。

質問には「オープンクエスチョン」と「クローズドクエスチョン」という種類があります。

オープンは、自由回答を相手に求める質問です。

クローズドは、相手に選択肢を提示して、選んでもらう質問です。

飛行機の中で質問される「ビーフ or チキン?」。牛か鶏か、単純明快ですね。航空会社は乗客に快適なサービスを提供するためにクローズドクエスチョンを採用しています。

相手の手間を取らせない質問方法が、クローズドクエスチョンなのです。

逆に、オープンクエスチョンで「機内食は何が食べたいですか?」と聞かれたらどうでしょうか。いろいろ選べるのは嬉しいかもしれませんが、「えーっと……」と答えに窮してしまいますね。

メールでオープンクエスチョンを用いると、相手が目の前に存在しないぶん、「あとでゆっくり考えよう」となりがちです。これが返信をもらえない原因の1つ。

相手が「これならすぐに返信できそうだ」と思えるクローズ

ドクエスチョンで、メールを送ってみてください。

　○○さんのメールには返信しやすいと思ってもらえれば、どんどん仕事がしやすくなっていきますよ。

■ クローズドクエスチョンでメールしよう

答えるのが簡単であればあるほど、返信率がアップする。
相手が「はい・いいえ」「選択するだけ」で答えられる聞き方、もしくは「答えるべき項目が明確」な書き方をしてみよう。

いかがでしょうか？ →	○○で進めたいと考えています。 よろしいでしょうか？
どんな方法が よいでしょうか？	次の方法のどれがよいでしょうか？ ① 先着順 ② 抽選 ③ その他よい方法があれば教えてください。
打ち合わせ日、 いつがいいですか？ →	打ち合わせは 7月29日（水） 7月30日（木） 7月31日（金） いずれかはいかがでしょうか？
今回のイベントについて、 ご意見聞かせてください	今回のイベントについて、 よい点、悪い点を教えてください。

```
POINT
相手の返信の手間を少なく
```

送ったメールを読んでもらえない

▼

メールの件名で予告編を

　忙しい人や役職の高い人ほど、メールを読まない可能性が高くなります。彼らにはたくさんのメールが押し寄せるからです。

　そこで、できるだけ読んでもらえるメールにする必要があります。受信箱に膨大な未読メールがある人は、いちいち中身を開いてメール本文を読むことはしません。**件名で中身を読むかどうかを判断している**ことが圧倒的に多いのです。

　そこで私@小鳥遊は、件名をメール本文の予告編にするつもりで書いています。
　具体的には、未読メールは件名だけ表示されるので、**件名の冒頭に墨付きカッコで相手の対応の要否を端的に伝えます**。こんな感じですね。

　【相談】タイガー興業への見積書金額について

....

　【お礼：返信不要】Re:ISO 内部監査のお知らせ

....

　【報告】2 月契約締結実績

　相談なら要返信。お礼なら気持ちは伝えたいですが返信は不要。単なる報告であれば、読むか読まないかを送った相手におまかせ。
　忙しくてメールを全部読む暇がない人の代わりに
　「このメールは受け取るだけでよいですよ」

「これは読んでください」
と**メールの選別作業をしてあげるイメージ**です。

これを続けていると、「（あなた）からのメールは読むのがラクだから、目をとおしておこう」と信頼されるようになり、読んでほしいメールを読み落とされる確率が下がります。

読まれるメールの件名例

【ご相談】見積書の件
【5/15 まで折返し願】鈴木様クレーム対応の件
【再送】鈴木様クレーム対応の件

【報告】5/15 イベントの収支について
【お知らせ】支払日変更について
【返信不要】5 月 5 日のイベントの詳細

【要返信】展示会配布物決め
【情報共有】5 月のお昼当番表
【連絡】来週の朝礼中止

POINT

選ばれるメールの件名にしてみよう

メールの誤字脱字に気づけない

秘技「ドット打ち読み」「コピペ」「他人の目」

　メールの書き間違いは誰にでもあります。私@小鳥遊も数多くの誤植をやらかしてきました。

　そこで長年の経験を元にたどりついた、3つの対策をご紹介します。

1. ドット打ち読み

　何回読み直しても間違いを見過ごしてしまう。それは目線だけが先に進んでしまって、読んでいる「つもり」になっているからです。

　そこでおすすめなのが、ドット打ち読み。

　メールの文面を印刷して、単語や文節ごとにドット（点）を打ちながら読む技です。「ここは読んだ」「ここも読んだ」と点を打っていくと、読み飛ばす確率は格段に低くなります。印刷をするのは、点を打ちやすくするためです。

　また不思議なことに、**印刷すると、パソコンの画面上では気づかなかった誤字脱字が見えてくる**のです。その点でも印刷して確認するのをおすすめします。

2. できる限りコピペ

　元情報がある場合、できるだけコピペ（コピー＆ペースト）をしています。

　自分で打ったほうが早くても、はやる気持ちを抑えて徹底してコピペを活用します。とくに、絶対に間違えられない社名や人名、金額、日付、日程などは、なるべくコピペをおすすめします。

　上司や同僚などに読んでもらうのも効果的です。他人目線の
チェックが入ることでより正確になり、何より「自分1人で背
負いこんでいる感」を軽くすることができます。

　メールを印刷して、単語や文節に点を打ちながら読んでみよう。
誤字脱字に気づけるようになる。

新規メッセージ

To　suzuki@○○○○.co.jp

株式会社　ニャンコ商事
鈴木 様

いつも お世話 に なっております。
ベア商会の 高橋です。

本日は お忙しい中 お時間を いただき誠に ありがとうございます。

次回の 打ち合わせの 日程について 連絡させて いただきます。

【日時】
6月2日（火）11時～12時
※到着されたら 内線電話で 法務部の 高橋を お呼びください。

【内容】
契約内容の 確認
今後の スケジュール

引き続き 今回の 案件を スムーズに 進められるよう 進行して まいります。
どうぞ よろしく お願い いたします。

POINT

間違えようのない境地へようこそ

メールを書くのに時間がかかる

▼

定型句をなくす約束をする

　ビジネスメールは、冒頭と文末に定型句を入れるのが礼儀とされています。個人的には、そろそろやめてもいい習慣じゃないかと思っているので、同じ部署の人限定で「定型句をなくそう」という約束をしました。

　メールの定型句といったら、定番はこれですね。

　株式会社○○
　法人営業部　部長
　○○様

　お世話になっております。
　○○株式会社　管理部　小鳥遊です。

そして、文末はこれです。

　以上、どうぞよろしくお願いいたします。

　おそらく多くの人が不要だと思いつつ、「でも失礼になってはいけないから」と入れているのではないでしょうか。
　自分だけが失礼をしたくない。だから、いつまで経っても不要な忖度が残ってしまうのです。そこで、「やめましょう」とお互い約束するのをおすすめします。

　実際、定型句をなくしてみると入力する時間が省けること以

上に、**メールのやりとりのスピードが上がり**ます。

「相手に失礼のないよう……」という思考がなくなることと、相手との距離も近く感じられることから、メールを送るハードルが下がるのです。

極端な話「了解」の2文字だけでもOKなのです。

実はこれ、LINEに代表される、チャット形式のやりとりです。

チャットでのやりとりが許されない会社はまだたくさんあります。そんなときはメールをチャット化してみましょう。

ふだんから短く、簡潔なメールを心がけていると、不思議と相手からのメールも短くなっていきます。その結果、お互いメールを書く時間が少なくなるのです。

POINT

なくせるものはない？

おわりに

～ 小鳥遊 より ～

　以前私は、要領よく仕事をこなす人を「あの人は元から優秀だから」と、なかばあきらめの気持ちで見ていました。とくに私のような ADHD 特性を持つ人間は、仕事を要領よくこなすなんてそもそもできないのだと思い込んでいました。

　たしかに、はじめから要領よく物事をこなせる人はいます。そんな人を見てため息をつき、「元が違う」と結論づけるのもラクかもしれません。

　でも一方であきらめきれない自分もいました。「優秀なあの人」と「自分」とを隔てるものは何なのか、と。

　そしてわかったこと。

　「仕事の要領」の実体はノウハウでしかなく、天賦の才ではないということです。練習すれば身につきます。実際、ADHD 特性のある私でも要領を「つくる」ことができました。

　だから「抜け漏れが多い」「先送りグセがある」「マルチタスクが苦手」でも、ノウハウを習得すれば「優秀なあの人」と少なくとも同じ土俵に立つことはできる。そう私は信じています。

　ご紹介した手順書は手間がかかります。でも仕事を無理なく安心して進められる引き換えとして、その手間だけは受け入れてほしいと思っています。

　少しでも手間をかけず、1人でも多くの人にラクになってほ

しいという願いから、ウェブ上で簡単に使えるタスク管理支援ツール「タスクペディア」を無料提供しています。CHAPTER1の内容をベースに、より使いやすい機能を備えています。下記 QR コードからアクセスしてぜひ活用してみてください。

● タスク管理支援ツール
　「タスクペディア」

　私は手順書による「タスク管理」のおかげで精神的・時間的余裕が生まれ、大きく救われました。人生を変えてくれたタスク管理への恩返しと、会社業務の一環として、障害者就労支援のためにタスク管理を教えるまでになりました。

　副業を認め、個人的に取り組んでいた活動を業務に持ち込むことに OK してくれる奇特な（笑）勤務先の理解と、タスク管理のおかげで、働き方や人生観がだいぶ変わりました。

　この本を手に取っていただいたのも何かのご縁。ご紹介した内容を「練習」し「習得」して、血肉としてください。
　くり返しますが、要領は、タスク管理でつくれます。仕事を無理なく落ち着いて終わらせて、より充実した生活が送れますように。

おわりに

〜 F 太より 〜

　本書が少しずつでき上がっていく中で私は、この本は仕事術の本でありながら「仕事術を学ぶ準備をするための本」でもあるなぁ、と思いました。

　この本は、すべての仕事の下地になる考え方やヒントが詰まっています。これは今後さらに専門的で複雑な仕事に取り組む際に、あなたを必ず助けてくれます。

　私自身、いろいろなビジネス書を読む中で、世の中にいちばん足りていない、と感じていた本を書かせていただくことができました。

　本書を通じて、いろいろな仕事術やタスク管理に興味をもってくださった方に、最後にいくつか、私の活動を紹介させてください。

　さらに高度なタスク管理をやってみたくなった方は「TaskChute Cloud」に挑戦してみてください。これはタスク管理界の有名人、大橋悦夫さんが考案した「タスクシュート時間術」を、パソコンやスマートフォンで実践することを目的に、弊社代表 jMatsuzaki が開発したタスク管理ツールです。

　私自身、このツールで5年以上、自分の24時間を分単位で記録を取り続けています。休日やプライベートも含めてしっかりタスク管理をしてみたい方に、とくにおすすめです。

● TaskChute Cloud

　CHAPTER 9の178ページでは、職場や家庭だけではない、もう1つの居場所としてサードプレイスというものをご紹介しました。私自身も、オンラインコミュニティ「ライフエンジン」を複数のメンバーで運営しています。仕事のことを職場の人以外の誰かに相談したい。自分の好きなことや得意なことを仕事にしたい、というタイミングでぜひのぞいてみてください。

● ライフエンジン

　さらにいろいろな仕事術やライフハックについて学習したい、という方は弊社の運営する「Youtubeチャンネル」もぜひご覧ください。

● Youtube チャンネル

　本書を手に取っていただき、本当にありがとうございました。これからもよりよい働き方をつくっていく活動を続けてまいりますが、その活動を、他ならぬあなたとご一緒できる日が来ることを願っております。

F太（えふた）

1984年生まれ。Twitterを中心に活動。フォロワー数は約37万人。
学生時代に公認会計士の勉強を始めるも不合格。アルバイトも3か月でクビに。うまくいかない日々の中、ダメな自分自身がかけてほしい言葉や、めんどくさいながらも何とか行動するための方法などをTwitterでつぶやき続けていたところ、多くの共感を得られてフォロワーが急増。その後Twitterで独立。こんな自分でも仕事ができるようになったタスク管理のよさを伝えたくて、本書共著者小鳥遊氏と「自分は要領が良くない、と思い込んでいる人のための仕事術」というイベントを継続開催。大橋悦夫氏の考案した「タスクシュート時間術」を世に広める活動もしている。2019年、jMatsuzaki株式会社の経営に加わる。著書に『明日ちょっと運がよくなる、思考のメモ』（大和出版）がある。
Twitter：@shh7、@fta7

小鳥遊（たかなし）

1976年生まれ。本名は髙梨健太郎。
発達障害の1つADHD（注意欠如・多動症）と診断される。仕事の抜け漏れや要領の悪さから自分を責め、抑うつや適応障害から休職や退職をくり返す。その後、仕事の管理を自作Excelツールで工夫しADHDの特徴をカバーできるようになり、現在はネミー株式会社に勤務。本書共著者F太氏とともにその体験と仕事術を紹介するイベント「自分は要領が良くない、と思い込んでいる人のための仕事術」を継続開催。また自作ツールをクラウド化し、社会福祉法人SHIPの協力のもと「タスクペディア」として無料提供。さらに、就労移行支援事業所EXP立川で自身の経験を元にしたプログラムを毎週担当。その仕事術によってストレスフリーな働き方とパラレルワークを実現している。
Twitter：@nasiken
ブログ：ForGettingThingsDone　http://hochebirne.hatenablog.com/

要領がよくないと思い込んでいる人のための仕事術図鑑

2020年4月13日 初版発行
2024年2月27日 第15刷発行（累計11万5千部※電子書籍含む）

著者	F太、小鳥遊
協力	チーム・タスクペディア／社会福祉法人SHIP／ネミー株式会社／jMatsuzaki株式会社
イラスト	高旗将雄
デザイン	井上新八
DTP	小山悠太
校正	株式会社ぷれす
広報	岩田梨恵子（サンクチュアリ出版）
営業	二瓶義基、市川聡（サンクチュアリ出版）
制作	成田夕子（サンクチュアリ出版）
編集	宮﨑桃子（サンクチュアリ出版）

発行者　鶴巻謙介
発行所　サンクチュアリ出版
113-0023　東京都文京区向丘2-14-9
TEL 03-5834-2507　FAX 03-5834-2508
http://www.sanctuarybooks.jp
info@sanctuarybooks.jp

印刷・製本 中央精版印刷